博士からの指令!

ナゾ解き 小学英語

石井辰哉 著

ベレ出版

保護者の方へ

本書は、小学5年生から6年生のお子さんが、英語の文法を1人でも楽しく学べることを目指して執筆しました。もちろん、単に知識を詰め込んでもらうことが目的ではありません。あくまでも、スキルとして習得し、特に「話す・聞く」で使えるようにするのが主眼です。

次の2つが大きな柱となっています。

■ 自分で法則を発見する謎解き形式

文法の説明を読んで理解するだけというのは、よほど好きでない限り、つまらないものです。そこで、本書では、ナゾ解きとして例文を見比べ、背後に隠れている法則を自分で発見するという方式をとっています。また、長い説明を極力控え、英語の文法を使った推理クイズもふんだんに取り入れるなど、「難しいお勉強」ではなくナゾ解きゲームのつもりで取り組んでもらえるようにしています。クイズが好きなお子さんなら、きっと最後まで楽しんでいただけるでしょう。そして、1つ1つのナゾを解いていくうちに、いつの間にか文法が理解できているはずです。

■ スピーキングとリスニングの反復練習

文法が納得できれば、次に大切なのは、それを使えるようにすることです。そのために、文法項目別に話す練習と聞く練習を行います。何度も繰り返すことで、頭を使わなくても正しい文を話し、正確に意味が理解できるようになります。文法習得の目的は、頭を使わなくても使えるようにすることです。2巻まできちんとこなせば、話せることと、聞いて理解できることがかなり多くなっていることでしょう。

この他に、以下のような特長があります。

■ 読んでるだけで楽しい！ 会話形式の解説

博士とケンタとカスミという3人のキャラクターを登場させ、会話形式で文法を説明しています。ケンタとカスミと一緒に英語を学んでいる気分になれば、臨場感も増し、より内容がわかりやすくなります。なお、本書は、1つ1つの練習問題をこなして読み進めるよりも、最初にこの会話の部分だけを物語のように一気読みするだけでも楽しく、また、ためになります。

■ イラストをふんだんに使用

できるだけ興味を持続し、そして、文字だけの学習にならないよう、イラストを多用しています。イメージで単語や文法を覚えられて、効率的です。

■ 興味を持つような例文、普段の生活に関わる英文

文法の学習だからといって、つまらない例文である必要はありません。興味が湧くことや普段の生活に関わる例文のほうが、より深く実感できて理解が深まるでしょう。たとえば、次のような例文を収録しています。

携帯電話がほしい	縄跳びの二重跳びができる
リップを塗る	ハルカの彼氏ってめっちゃイケメンよ
強いデッキを組む	モンスターを召喚する

興味が持てることを優先して、あえて難しい単語も入れています。日本語でも、大人が「召喚する」という言葉を使うのはまれですが、カードゲームが好きな子供は毎日のように言っていますよね。そして、興味のある英文のほうが話していて楽しいですし、すぐに単語も覚えられます。

■ 様々な単語を覚えられる

楽しそうな単語だけでなく、日常生活でよく使う単語も幅広く使用し、その多くを、複数の問題で使用しています。これにより、練習問題を解いているうちに反復することになり、自然と暗記できるようにしています。

■ ネイティブの子供の音声

お子さんの親近感が湧くようにネイティブの子供に英文を吹き込んでもらっています。

なお、本書は1〜2巻合わせて、小学校から中学1年生までに学習する文法項目の大半をカバーしています。中学生で本格的に始まる文法学習への架け橋として、あるいは、文法が苦手な中学生の復習用としてもお使いいただけます。

最後に、本書は、25年以上にわたり講師として培ったメソッドに加えて、小学生だった息子に文法を教えた実体験をもとにしています。当時は、参考書のように小難しくなく、1人でも楽しくできて、かつ、きちんとした文法を学べるという教材があまりなくて苦労しました。あのとき、こんな本があったらよかったのに、と思いながら執筆したのが本書です。完成に時間がかかり、息子には使ってやれませんでしたが、その分、みなさまのお子さんが少しでも文法に興味を持ち、英語を好きになるお役に立てれば、著者として、1人の講師として、そして息子を持つ父親として、これ以上の幸せはありません。おそらく一生付き合うことになる英語の学習は始まったばかり。すばらしいスタートを迎えられることをお祈りしております。

石井辰哉

目次

保護者の方へ ──────── 3 　　練習のお約束 ──────── 11
登場人物 ──────── 8 　　音声ダウンロード方法 ──────── 12
本書の構成 ──────── 9

🚩 Chapter 1 「○□△▽」のナゾ

指令 1 図形のナゾを解け！ ──────── 14
指令 2 名詞のナゾを解け！ ──────── 34
指令 3 aとsのナゾを解け！ ──────── 44
指令 4 aとanのナゾを解け！ ──────── 60

🚩 Chapter 2 「○□○」と「○□△」のナゾ

指令 5 amのナゾを解け！ ──────── 82
指令 6 areのナゾを解け！ ──────── 93
指令 7 isのナゾを解け！ ──────── 105
指令 8 be動詞のナゾを解け！ ──────── 116
指令 9 he/she/it/we/you/theyのナゾを解け！ ──────── 130
指令 10 否定文のナゾを解け！ ──────── 144
指令 11 疑問文のナゾを解け！ ──────── 156

🚩 Chapter 3 「○□」と「○□○」のナゾ

指令 12 ○□▽のナゾを解け！ ──────── 180
指令 13 否定文のナゾを解け！ 一般動詞編 ──────── 190
指令 14 疑問文のナゾを解け！ 一般動詞編 ──────── 201

保護者の方へ ——————— 3
登場人物 ——————————— 8
本書の構成 ————————— 9

練習のお約束 ——————— 11
音声ダウンロード方法 —— 12

🚩 Chapter **4** canのナゾ

指令〈15 canのナゾを解け！❶ ———————————— 14

指令〈16 canのナゾを解け！❷ 否定文編 ————————— 26

指令〈17 canのナゾを解け！❸ 疑問文編 ————————— 40

🚩 Chapter **5** 過去形のナゾ

指令〈18 過去形のナゾを解け！❶ ———————————— 66

指令〈19 過去形のナゾを解け！❷ 否定文編 ————————— 84

指令〈20 過去形のナゾを解け！❸ 疑問文編 ————————— 98

指令〈21 was/were のナゾを解け！ ————————————— 112

🚩 Chapter **6** 上級のナゾ

指令〈22 wantのナゾを解け！ ——————————————— 138

指令〈23 likeのナゾを解け！ ———————————————— 154

指令〈24 命令文のナゾを解け！ —————————————— 168

指令〈25 否定命令文のナゾを解け！ ———————————— 180

指令〈26 動詞のsのナゾを解け！ ————————————— 190

登場人物

カスミ

明るくて活発な女の子。コツコツ勉強する努力家。持ち前の分析力で、英語のナゾを解き明かす。幼なじみのケンタとは、いつもからかい合っているが、実はとても仲がいい。お菓子が大好き。

ケンタ

やんちゃだが心優しい男の子。カスミをイジるのが好きだが、たいてい言い負かされる。勉強はわりと適当にすましてしまうものの、天性の直感力で、英語の法則を見抜くときがたまにある。ゲームが大好き。

ヤマノ博士

カスミとケンタに英語を教える先生。どこかの大学で先生をしているらしい。実は、英語に関わる犯罪捜査に協力していて、章末の推理クイズでは、博士の扱った事件も出題される。

本書の構成

この本は3つの Chapter「章」からできていて、それぞれの Chapter は4つに分かれるよ。

・・・

指令 ナゾを解け！

例文を読んで、そこから英語の法則を発見するページだよ。
英語にはこんなルールがあるというのを自分で見つけ出せ！

「私たちの会話も手がかりにしてね」

「いっしょにがんばろう！」

・・・

Practice

練習パートだよ。
文を作って、口に出す練習や、聞いて答える練習をするんだ。
ちなみに、Practice は「練習」の意味だ。

「ペラペラを目指せ！」

「何度も口に出して練習よ」

・・・

博士のトリビア

英語に関する、ちょっと知ってるとすごい知識を博士が紹介するよ。難しくてわからなくても大丈夫。「へえ」とか「ふーん」って思えばそれでOK。英語の「物知り」を目指そう。ナゾナゾもあるよ!

 「読み物のつもりで気楽にね」

ナゾ解きクイズ

それぞれの章の最後に、英語を使った推理クイズが出題されるよ。暗号解読から怪盗ポペンの予告状まで、学んだことを生かして見事に解き明かし、英語の名探偵を目指せ!

 「暗号解読と怪盗だって。なんかすごい!」

 「早くやってみたいわね!」

練習のお約束

英語の練習で大切なコツがいくつかあるよ。

① お勉強としてではなく、ナゾ解きクイズのように楽しんで読んでほしいな。

② 難しかったら飛ばして大丈夫。「ふうん」って思って次に進めばいい。後から読むとわかることもあるんだよ。

③ かならず口に出して練習しよう。なめらかに言えるようになるまで何度も言ってみることが大切だよ。

④ 本当に話しているつもりで、口に出そう。劇のセリフみたいに、感情を込めてなりきろう。

⑤ CDも聞こう。音声が収録されているところには右のマークがついているよ。DLはダウンロード版で聞けるところだよ。

> CD Track 99
> DL Track 099

「さあいよいよ、ナゾ解きの始まりだ。準備はいいかな?」

「どんなナゾでもドドンとこい。ぼくがあっという間に解いてやる!」

「私だって、全問正解してやるんだから!」

「ああ。健闘を祈る。ではスタートだ」

audiobook.jp

音声ダウンロード方法

① PC・スマートフォンで音声ダウンロード用のサイトにアクセスします。QRコード読み取りアプリを起動し、下記QRコードを読み取ってください。QRコードが読み取れない方はブラウザから http://audiobook.jp/exchange/beret にアクセスしてください。

② 表示されたページから、audiobook.jp への会員登録ページに進みます。
※音声のダウンロードには、audiobook.jp への会員登録（無料）が必要です。
※既にアカウントをお持ちの方はログインしてください。

③ 会員登録後、シリアルコードの入力欄に 4Z36uDZj を入力して「交換する」をクリックします。クリックすると、ライブラリに音源が追加されます。

④ スマートフォンの場合はアプリ「audiobook.jp」をインストールしてご利用ください。
PCの場合は、「ライブラリ」から音声ファイルをダウンロードしてご利用ください。

［ご注意］
■ ダウンロードには、audiobook.jp への会員登録（無料）が必要です。
■ PCからでも、iPhone や Android のスマートフォンからでも音声を再生いただけます。
■ 音声は何度でもダウンロード・再生いただくことができます。
■ 書籍に表示されている URL 以外からアクセスされますと、音声をご利用いただけません。URL の入力間違いにご注意ください。

ダウンロードについてのお問い合わせ先：info@febe.jp（受付時間：平日の10〜20時）

ベレ出版ホームページからの音声ダウンロード方法

「ベレ出版」ホームページよりパソコンでダウンロードできます。（スマートフォン、タブレットの場合は上記の audiobook.jp のサービスをお使いください）

① 「ベレ出版」ホームページ内、『博士からの指令！ ナゾ解き小学英語〈1〉〈2〉』の詳細ページにある「音声ダウンロード」ボタンをクリック。
（URL は https://www.beret.co.jp/books/detail/752 〜756）

② ダウンロードコード 4Z36uDZj を入力してダウンロード。

［ご注意］
■ ダウンロードされた音声は MP3 形式となります。
■ iPod 等の MP3 携帯プレイヤーへのファイル転送方法、パソコン、ソフトなどの操作方法については、メーカー等にお問い合わせいただくか、取扱説明書をご参照ください。

● 音声の権利・利用については、小社ホームページにてご確認ください。

Chapter 1

「○□△▽」のナゾ

単語の種類を見きわめよう

英語の勉強と図形が、どう関係
あるのかって？ それは、見ての
お楽しみだよ。

図形のナゾを解け!

次の語はある法則にしたがって、○□△に分けられている。

CD Track 02
DL Track 002

● dog 犬 fish 魚

 desk 机 boy 男の子

■ eat 食べる run 走る

 make 作る write 書く

▲ happy 幸せな fine 元気な

 small 小さい cheap 安い

それでは、この法則（ほうそく）の通りに次の単語を○□△に分類するとどうなるか、推測（すいそく）せよ。

CD Track 02
DL Track 002

 house 家

 hungry 空腹（くうふく）な

 sleepy 眠（ねむ）い

 study 勉強する

 walk 歩く

 soccer サッカー

「うーん、いきなり難（むずか）しいなあ」

「きっと、同じグループの単語には共通点があるんじゃないかしら」

「そっか。じゃあ、まずは、○□△の単語をよく見てみよう」

「どんなふうに使うのかも考えてね」

答え

 ➡ house, soccer

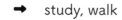 ➡ study, walk

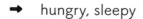 ➡ hungry, sleepy

「では、解説しよう。実は、英語の文は、主に３つの大きな部品でできている。

	人や、物、事など「何」を表す語句。名詞 **book** 本　**Kenta** ケンタ　**soccer** サッカー
	「〜する」を表す語句。動詞 **eat** 食べる　**study** 勉強する　**walk** 歩く
	「どんな」を表す語句。人や物を説明するのに使われる。形容詞 **happy** 幸せな　**angry** 怒って　**small** 小さい

そして、その並べ方によって意味が決まるんだ。並べ方はいくつかあって、図形をはめるパズルのようになっている。おもなパターンは次の３種類だよ」

❶ ～は～する

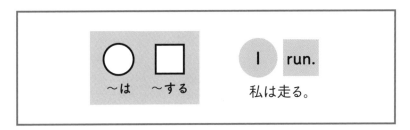

❷ ～は～である

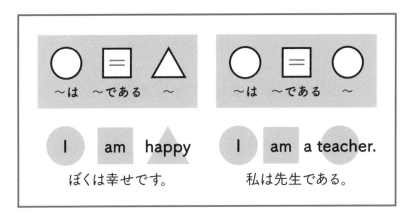

❸ ～は～を～する

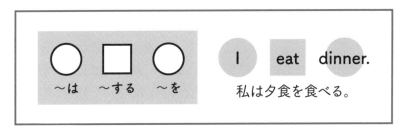

「あとは、その形に合わせて、単語を入れていけばでき上がりだ。たとえば、happy『幸せな』を使って、②のパズルに当てはめると次のようになる。

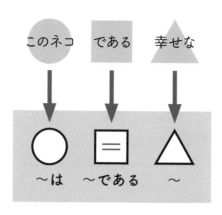

「このネコは幸せである」

この場合の『である』は『＝』（イコール）みたいな働きで、後ろに▲がくると「その状態である」、●がくると「同じである」という意味になるんだ。だから、このネコが幸せな状態であるという意味だね」

「でも、パズル通りなら『このネコは幸せなである』になってへんじゃない？」

「そうだね。そこが英語と日本語のちがいだよ。だから日本語は気にせず、正しい図形(ずけい)を正しい場所に入れれば正しい意味になると思えばいい。そもそも、パズルの順番通りに訳せば『このネコはである幸せな』となっておかしいよね。それが英語なんだ」

「なるほどね」

「じゃあ、私もやってみる。③のパズルを使って

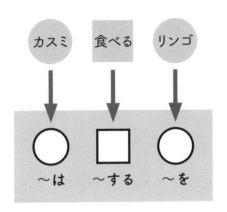

だったら、『**カスミはリンゴを食べる**』っていう意味?」

「その通り」

「へえ。おもしろいのねえ」

「じゃあさ……、ひひひ」

「なによ、へんな笑い方して」

「順番を入れ替えて、

って並べたら、『**リンゴがカスミを食べる**』になっちゃうの?」

「ああ。へんな意味だけど、順番で意味が決まる以上、そうなるね」

「うわ、サイアク。……それなら

という順番なら、『犬がケンタをかむ』だけど、

なら、『ケンタが犬をかむ』っていう意味ね」

「そうだね」

「どっちもいやだあああ！」

「フン。おたがい様<ruby>様<rt>さま</rt></ruby>でしょ。……でもこれだけだと簡単<ruby>簡単<rt>かんたん</rt></ruby>なことしか言えないわね」

「心配はご無用。あくまでこのパズルは骨組みなんだ。それ以外の『いつ』『どこで』『誰と<ruby>誰<rt>だれ</rt></ruby>』『どうやって』などを表す語句は、おまけの▽としてまとめて文の最後に置けばいい。▽の働きをする語句の例を見てみよう」

CD Track 03
DL Track 003

hard	いっしょうけんめいに
well	うまく、よく
today	今日
very well	とても上手に、とてもよく
every day	毎日
with Tom	トムと
in the park	公園で
on the table	テーブルの上に
at 6:30	6時30分に
on Monday	月曜日に
before dinner	夕食の前に
here	ここに、ここで
there	そこに、そこで

I get up at 8.　　　私は8時に起きる。

（I「私は」 get up「起きる」）

❽ get up は2語で1つの■（動詞）扱いだよ。

I play shogi with Ken.　ぼくはケンと将棋を指す。

「ものはためしだ。 日本語でいいから、▽を使って文を作って
みてごらん」

21

「じゃあ、

だと、『**犬がケンタを毎日かむ**』ってことね」

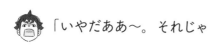「いやだああ〜。それじゃ

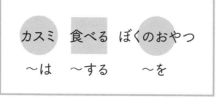

だと、『**カスミはぼくのおやつを毎日ぼくの部屋で食べる**』ってことだね！」

「なによ。あたしそんな食いしんぼじゃないし」

「ははは。2人とも正解_{せいかい}！ ケンタの文のように「▼」はいくつ並_{なら}べてもかまわないんだよ」

「けど、英語って思ったより簡単_{かんたん}ね。あとはそれぞれ英語にして当てはめるだけなんでしょ」

「ホントだね。これならすぐ話せるかも」

「では、英語を話すコツを1つおしえるよ。2人とも、この①〜③（17ページ）のパズルをもう1回見てごらん。共通しているのは何かわかるかな？」

「あ、わかった！ どれも、○と□が最初にきてる」

「あ、ホントだわ」

「その通り！ 英語は主語、つまり『何が』の後に『何する』を表す動詞がきて、それ以外の部分はその後にくる。

I read a book.
私は　読む　　本を

そのままの順番通りに日本語にすると、「私は読む本を」となってちょっとへんだよね。だけど、これが英語の正しい語順なんだ」

「へえ」

「だから、とにかく英語を話すときは、『何が』『何する』を最初に言うことが大切なんだ。そして、その後に『何を』、さらにその後に必要に応じて『いつ』『どこで』『誰と』などを言えばいい」

「なるほどね。『何が』『何する』を最初か」

「ねえ、今の例文で book の前に a があるけど、これ何？」

「いいところに気がついたね。それが正しい使い方というものなんだ。それは、君たちがこれからナゾ解きを通して法則を見つけるんだよ」

「よっし、燃えてきた！」

「今はとにかく、○□△▽の区別ができることと、パズル通りに並べることが大切ということをわかればいい。英語を話すときも、それさえまちがえなければ、だいたい通じるんだ」

「はーい」

「では、ここで、私から問題を出すぞ。この問題が解けるかな？」

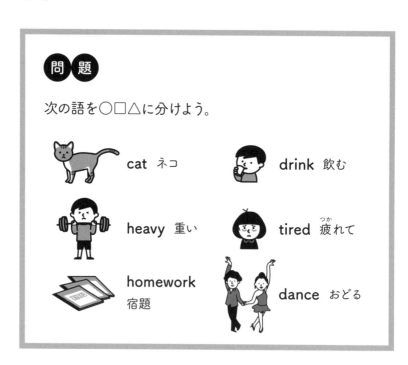

問 題

次の語を○□△に分けよう。

cat ネコ　　　　drink 飲む

heavy 重い　　　tired 疲れて

homework
宿題　　　　　　dance おどる

「簡単〜」

「答えは、こうなるよ」

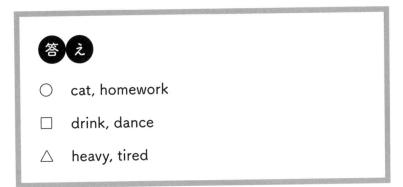

答え

○　cat, homework

□　drink, dance

△　heavy, tired

「あれ、tired って□動詞じゃないの?」

「ホントだ」

「残念ながらちがうよ。tired は happy や good と同じで△なんだ。日本語では動詞っぽくても英語ではちがうこともあるんだよ」

「そうかあ、これも日本語と英語のちがいなのね」

「そう。だから、単語の意味から決めつけるのではなく、○□△▽のどれなのかを覚えていないといけないんだ。何角形なのか気にしながら単語を学ぶとすごく上手になるよ。では、もう1つ問題を出すよ」

ある人が、英文を書いた。だが、どうやらおかしいようだ。その原因は、日本語と同じ順番で書いたことにある。それでは、並べ替えて正しい英文を作ってみよう。

① ● ▼ ■

  I   at eight   get up.

私   8時に   起きる

② ● ▲ ■

My dog big is.

私の犬 大きい です

③ ● ▼ ● ■

  I   in my room English study.

私   私の部屋で 英語 勉強する

「結局、パズル通りの順番にすればいいのよね」

「とりあえず▽は後ろに回せばいいし」

「答えは、これだ」

　　　　　　　　　　　　　　　（ DL Track 004 ）

① I get up at eight.　　私は8時に起きます。
　　　　　　　　　　　　❶1つ目のパズル＋▽。

② My dog is big.　　　私の犬は大きいです。
　　　　　　　　　　　　❷2つ目のパズル。

③ I study English in my room.
　　　　　　　　　ぼくは自分の部屋で英語を勉強する。
　　　　　　　　　　　　❸3つ目のパズル＋▽。

「全部できたわよ」

「ぼくも！」

「よろしい。では、いよいよ次のページから練習だ。ペラペラを目指せ！」

Practice 1 意味を考えてみよう！

まずは語順から意味を考える練習だ。日本語と○□△▽を手がかりにしながら、次の英文の意味を当てよう。

① My dog is hungry.
私の犬　である　空腹な

CD Track 04
DL Track 005

② Maiko wears a red ribbon every day.
マイコ　身につけている　赤いリボン　毎日

③ The monster defeated the hero.
その怪獣　倒した　ヒーロー

④ This penguin runs very fast.
このペンギン　走る　とても速く

⑤ My game character can cast great spells.
ぼくのゲームキャラ　かけられる　すごい呪文

> 難しい単語は日本語を見てね。あと、
> 日本語でへんでも気にしちゃだめよ。
> 英語では、そう言うんだって思ってね。

28

Practice 2 英語で言ってみよう!

次は、英語を話す練習だ。次の絵を見て、「私は〜します」と英語で言ってみよう。「私は」「ぼくは」は I（アイ）を使う。わからなかったら下のヒントを見てもよい。音声も聞こう。

例

I play soccer.
ぼくはサッカーをする。

①

②

③

④

⑤

CD Track 05
DL Track 006

ヒント

① 「食べる」eat 「朝食」breakfast　② 「勉強する」study 「英語」English
③ 「起きる」get up 「7時に」at seven　④ 「お風呂に入る」take a bath
⑤ 「ドッジボールをする」play dodgeball

Answers Practice 1-2

Practice 1

① 私の犬はお腹がへっている。

② マイコは毎日赤いリボンを身につけている。

③ その怪獣がヒーローを倒した。

> ❗ 語順に注意。ヒーローが怪獣を倒したんじゃないよ。

④ このペンギンはとても速く走る。

> ❗ すごいペンギンだね!

⑤ ぼくのゲームキャラはすごい呪文をかけられる。

> ❗ 魔法使いかな?

Practice 2

CD Track 06
DL Track 007

① I eat breakfast. ぼくは朝ごはんを食べる。

② I study English. 私は英語を勉強する。

③ I get up at seven. 私は7時に起きる。

④ I take a bath. ぼくはお風呂に入る。

⑤ I play dodgeball. ぼくはドッジボールをする。

なめらかに言えるようになるまで、何度も口に出して言ってみてね。ペラペラになるコツよ。あと、CDも聞いて発音をまねするといいんだって。

博士 の トリビア

月や曜日の名前

月や曜日、あるいは季節などを表す語は使う機会も多いから、大切だよ。まとめて覚えておこう。

まずは、曜日からいくよ。

曜日

CD Track 07
DL Track 008

Monday

Tuesday

Wednesday

Thursday

Friday

Saturday

Sunday

次は、月の名前だ。日本語だと「1月」「2月」のように、数字＋「月」ですむんだけど、英語ではそれぞれの月に名前がある。なので、覚えないといけない。まずは、自分や親しい人の誕生月を覚えてみよう。CDもよく聞いてね。

CD Track 08
DL Track 009

月の名前

1	2	3	4
January	February	March	April
5	6	7	8
May	June	July	August
9	10	11	12
September	October	November	December

次は、春夏秋冬だよ。注意するのは、月の名前や曜日とはちがって、小文字から始まっているということ。書くときには注意しよう。それと、「秋」は autumn と fall の２つの呼び名がある。どちらを使ってもいいんだ。

(CD Track 09
DL Track 010)

四季の名前

春　夏　秋　冬

spring　summer　autumn/fall　winter

年・月・週・日

最後に、年・月・週・日。this がつくと「今～」、last がつくと前の年や月などを指すんだ。

年　月　週　日

year　month　week　day

this year「今年」　**this month**「今月」　**last week**「先週」
ただし、「今日」は today、「昨日」は yesterday だよ。

指令 2 名詞のナゾを解け！

次の◯名詞はある法則によって、2つのグループに分けられている。どのような法則かを見つけ出せ。

グループ A

CD Track 10
DL Track 011

 book 本　　 car 車

 cat ネコ　　 girl 女の子

 idea 考え　　 tomato トマト

グループ B

 water 水　　 tennis テニス

 salt 塩　　 lunch 昼食

 air 空気　　 celery セロリ

そして、この法則にしたがって、次の名詞がどちらのグループに
入るか当てよ。

CD Track 10
DL Track 011

 soccer　サッカー　　 music　音楽

 pig　ブタ　　　　　 donut　ドーナツ

 T-shirt　Tシャツ　　 rice　お米

「なんか難しいわね。意味で分かれてるわけじゃなさそう
だし……。ケンタ、わかる?」

「Aのグループは形がはっきりあるものだよね。Bははっきり形
がないっていうか……でも、ideaは形なんてないし。逆に、
昼食は形があるといえばあるし、塩やセロリだって……」

「うーん、もしかして、1つ2つと数えるかどうかがちがう
のかな」

「それはいいところに気がついたね」

答え

Aのグループは数えられる名詞。Bのグループは数えられない名詞。

グループ A　➡　pig, donut, T-shirt

グループ B　➡　soccer, music, rice

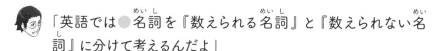

「英語では●名詞を『数えられる名詞』と『数えられない名詞』に分けて考えるんだよ」

「なんで?」

「それは簡単。実は、この2つは使い方が異なるからなんだ。たとえば、I have『私は〜を持っている』を使った次の文を比べてごらん」

I have a car.　　私は車を持っている。

I have water.　　私は水を持っている。

「あれ?『車』と『水』がちがうだけなのに、water はそのままだけど、car には a がついてる」

「それが使い方のちがいだよ。使い方がちがうので、区別しないといけないということだね」

「へえ」

「大まかに言って、数えられる名詞は、区切りがあって個数を数えるもの。数えられない名詞は、テーブルにこぼした水のように、区切りがなく量をはかるものだね。絵に描くとこんな感じだよ」

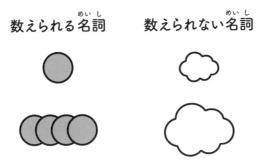

「数えられる名詞は、たくさんになると数が増える。数えられない名詞は、たくさんになると量が増えるというわけだ」

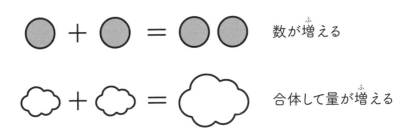

「なるほど。たしかに、リンゴとリンゴをたすと数が増えるけど、水と水をたすと混ざって量が増えるだけだよね」

「だいたいの場合は、個数で数えるか量ではかるかを考えれば想像がつく。ただし、日本語で考えてもわからないことがあるので注意してね。あくまでも母国語として英語を話す人たちの感じ方によるよ」

「どんなのがあるの?」

「たとえば、idea『考え・アイデア』は目に見えないけど、1つのまとまった考えを指すということで、数えられる名詞だ。つまり、『2つのアイデア』とか『3つのアイデア』と言える。逆に、spinach『ホウレンソウ』や celery『セロリ』、parsley『パセリ』はちゃんとした形はあるけど、数えられない名詞だ。数えないから『2つのパセリ』とは言わない」

「なんでかしら」

「見た目で区切りがわかりにくいからだろうね。『トマト3つ』はわかっても、『パセリ3つ』はわかりにくいよね。個数を数えにくいんだ。これは、rice『米』や salt『塩』も同じだよ。小さすぎて、それぞれの粒に気が向かないでしょ」

「なるほど。そう言われてみれば、リンゴやトマトに比べたら、区切りがわかりにくいのかも」

「お米が2つとか、塩が3つとか数えないわよね」

「ちなみに、数えられる名詞は『可算名詞』、数えられない名詞は『不可算名詞』と呼ばれている。まずは、名詞にはその2つがあると知ることが大切だよ。そして、その使い方は次のナゾ解きで君たちが当てるんだよ」

「ようし、ぜったい突き止めてみせるわ」

「ぼくも！」

「わかったところで、それぞれの他の例をあげておこう」

CD Track 11
DL Track 012

数えられる名詞の例（可算名詞）

desk	机	boy	男の子
bicycle	自転車	horse	馬
video game	テレビゲーム	bag	かばん

数えられない名詞の例（不可算名詞）

homework	宿題	sugar	砂糖
water	水	juice	ジュース
bread	パン	lunch	昼ごはん

「へえ。パンとかは数えてもおかしくないと思うけどな」

「パン自体は作る人がどんな形にでもできる。つまり、決まった形がないということだね。納得できないものもあるかもしれないけど、それは日本語の感覚で考えるからだよ。無理に理解しようとせず、英語のネイティブスピーカー（英語を母国語としている人）たちは、この単語をこんなイメージでとらえているんだと受け入れて、そのイメージごと単語を覚えよう」

「文句言っても、そうなんだから仕方ないもんね」

「その通り。考え方のちがいを知ることも、英語を学ぶうえで大切なんだよ」

「はーい」

「では、問題を出すよ」

問題

次の名詞を見て、それぞれ数えられる名詞か数えられない名詞かを当てよう。

① coffee　　コーヒー
② teacher　　先生
③ breakfast　朝食
④ cell phone　携帯電話
⑤ snow　　雪
⑥ money　　お金
⑦ meat　　肉
⑧ name　　名前

「1つ2つと数えるものが数えられる名詞で、水みたいに区切りがないとか、量ではかるものが数えられない名詞ってことよね」

「あとは、たしたら合体しちゃうやつとか。うん、なんとかなるかも」

「では、答えだ」

答え		DL Track 013
① coffee	☁	数えられない
② teacher	⦿	数えられる
③ breakfast	☁	数えられない
④ cell phone	⦿	数えられる
⑤ snow	☁	数えられない
⑥ money	☁	数えられない
⑦ meat	☁	数えられない
⑧ name	⦿	数えられる

「うわあ。お金は数えられると思ってた」

「私もよ。お金が数えられないってどういうこと?」

「実は、数えているのは単位だよ。『5円』と言ったとき、実際に数えているのは『1円』が5つということだよね。お金が5つという意味ではないはずだ。だから、money 自体は数えられない。逆に、円やドルは数えられるんだ」

「なるほどね。たしかに、お金が5つってへんだよね」

「そっか。お金にお金をたしても2つのお金になるわけじゃないもんね」

「その通り。頭でイメージするとわかりやすいよ」

数字

君は英語で数字が言えるかな？ ここで、数字の言い方を覚えておこう。

CD Track 12
DL Track 014

1	2	3	4	5
one	two	three	four	five

6	7	8	9	10
six	seven	eight	nine	ten

11	12	13	14	15
eleven	twelve	thirteen	fourteen	fifteen

16	17	18	19	20
sixteen	seventeen	eighteen	nineteen	twenty

30	40	50	60	70
thirty	forty	fifty	sixty	seventy

80	90	100	0	
eighty	ninety	one hundred	zero	

20より大きい数は、たとえば、35は thirty-five とする。つまり、30と5をいっしょに言うんだ。42は40の forty と2の two をたして、forty-two と言うよ。

35	➡	thirty-five (30-5)
42	➡	forty-two (40-2)

100は one hundred または a hundred と言う。この場合の a は「1つの」の意味だよ。そして、200は two hundred という。つまり、100がいくつあるのかをいうんだ。

100	➡	one hundred
		a hundred （a は「1つの」の意味）
200	➡	two hundred

100の one や a を忘れないようにね。

では、次の数字を英語で言ってみよう。

CD Track 12
DL Track 014

① 58	② 63	③ 71	④ 99	⑤ 300

答えは、それぞれ

① fifty-eight　　② sixty-three　　③ seventy-one

④ ninety-nine　　⑤ three-hundred

だね。

aとsのナゾを解け!

以下に、絵とそれを表した単語が書かれている。だが、よく見ると単語の前に a が置かれていたり、後ろに s がつけられていたりしている。絵と単語を見比べて、a や s がいつ必要なのかルールを考え、次の問いに答えよ。

CD Track 13
DL Track 015

a pen ⟷ pens

a car ⟷ cars

water ⟷ water

① a はどんなときに必要なのか。

② s はどんなときに必要なのか。

③ water はなぜ a も s もつかないのか。

「これがさっき言ってた a だよね。うーん、難しいな」

「a が前に置かれている名詞と、後ろに s がくっついている名詞のちがいは何かしら」

「もしかしたら、数に関係があるのかも」

「左側が1つで、右側が2つ以上あるってことよね。でも、water は量が増えても、左と右で形が変わってないわ」

「うむ。water は car や pen とは異なる使い方だったのを覚えているかな?」

答え

① 数えられる名詞が1つのときには a を使う。
② 数えられる名詞が2つ以上のときには s がつく。
③ 数えられない名詞には a も s もつかない。

「英語では数えられる名詞を使うときには、それが1つなのか2つ以上あるのかを必ず考えなければならない」

「なんで?」

「使い方が異なるからだよ。英語は日本語に比べて数にこだわる言葉でね、特に、1つか2つ以上なのかをはっきり区別するんだ。そして、1つのとき（単数）には a を前に置き、2つ以上あるときには s を単語に直接つけて複数あることを示す（複数形）。この a は『（とある）1つの』という意味なんだ」

a book	1冊の本
books	複数の本
two books	2冊の本

「だから、たとえば『私は本を読む』と英語で言う場合、

I read <u>a book</u>.	私は本（1冊）を読む。
I read <u>books</u>.	私は本（複数）を読む。

46

このように、読むのが1冊と言いたいのか、それとも2冊以上と言いたいのかでa book か books を選ぶことになる。これは英文としてはどちらでも正しい。単に、自分が読むのが1冊なのかそれより多いのかによって決めるんだ」

「へえ。じゃあ、英語ってつねに数を気にしてないといけないのね」

「そうだね。といっても、1つなのかそれ以外なのかだけだよ。あとは2も100も同じ。実際の文を考えてみよう。

　　『ぼくは犬が好きだ』

は何と言うかな？ I like ～『私は～が好きです』を使って言ってみてごらん」

「1匹の犬の話をするのか、それとも複数（ふくすう）の犬の話をするのかを考えなきゃ」

「そうね。えっと、『犬が好き』って言うときは、どれか1匹のことじゃなくて、いろんな犬が好きってことじゃない？　犬全体ってことよね」

「ということは、複数（ふくすう）の犬の話だ！」

「その通り。犬全体のことだから、2匹以上の犬を指すはずなので、sをつける」

I like dogs.

「なるほど。 ちょっとわかってきたぞ」

「じゃあ、自分で飼っている犬が好きだっていう場合は?」

「飼っているのが1匹か2匹以上かで形が変わることになるよ」

I like my dog.

I like my dogs.

my「ぼくの、私の」

「このように、同じ飼い犬でも数によって形が変わる。 結局は、
頭の中に何匹の犬を思い描いているのかで決まるんだ」

I like dogs.	ぼくは犬が好きだ。 犬全体を指しているのでsがつく。
I like my dog.	ぼくは自分の犬が好きだ。 飼い犬が1匹の場合。
I like my dogs.	ぼくは自分の犬が好きだ。 飼い犬が複数の場合。

「そっか。 じゃあ、話すときは頭の中にきちんと数までイメージしないとダメね」

「そう。 数まで頭に思い浮かべる。 それが英語の大きな特徴なんだよ」

「なるほどね」

「ただし、my『私の』、Ken's『ケンの』、the『その』など、どの犬かを特定するような語がくっついている場合は、1匹でもaは必要ない。 sがなければ単数だとわかるしね」

Ken's dog

s がついていないので1匹とわかる

「a は特定していない『とある1つの』といった感じの意味なんだ。なので『どの』を表す語があるときには必要ないというわけだ」

a book	（ある1冊の）本
my book	私の本
Ken's book	ケンの本
the book	その本
this book	この本

「ねえ、もしまちがって a をつけ忘れちゃったらどうなるの?」

✕ **I have pen.**　　私はペンを持っている。

「これだと、pen の前に何もついていないので、数えられない名詞扱いしていることになる。つまり、ペンをさっきの水や空気のように

形のないイメージで言い表していることになるので、ちょっとへんな感じがするんだよ」

「たしかに溶けてるみたいでへんね」

「では、一通りわかったところで私から問題を出すよ」

「ようし、全問正解(せいかい)するわよ」

「ぼくだって!」

問 題

次の絵を正しく表しているのはどちらだろうか。

① a desk
desks

② two bag
two bags

③ Mako's pencil
Mako's pencils

④ my house
my houses

「数に気をつければいいんだよね。簡単だ」

「できたかな？ では、答え合わせだ」

　　　　　　　　　　　　　　　(DL Track 016)

① a desk
　❗1つだから a がついているほうが正解。

② two bags
　❗2つあるから s が必要だよ。two「2」をつけるだけではだめだね。

③ Mako's pencils
　❗えんぴつは3本あるから s が必要だ。

④ my house
　❗家は1つしかないから s は必要ないよ。

「全問正解したよ！」

「私もよ！」

「ふむ。よくできたね。では、いよいよ練習本番だ」

Practice 1 英語で言ってみよう!

次の絵を英語にして口（くち）に出そう。ただし、単数（1つ）の場合は a を
つけて、複数（ふくすう）（2つ以上）の場合は s をつけること。

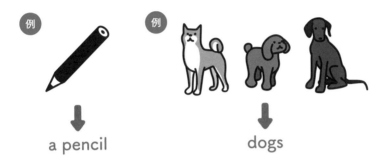

例 → a pencil

例 → dogs

①

②

③

④

⑤

 ヒント

CD Track 14
DL Track 017

① 「いす」chair　② 「置き時計」clock
③ 「男の子」boy　④ 「カップ」cup
⑤ 「ネコ」cat

Practice 2 英語で言ってみよう!

I have 〜.「私は〜を持っている」を使って、次の絵に描かれた物を持っていると英語で言おう。ただし、1つなら a をつけて、複数なら s をつけること。知らない単語はヒントを見てもよい。

例

↓

I have a bicycle.

例

↓

I have pens.

①

②

③

④

⑤

 ヒント

CD Track 15
DL Track 018

① 「(ふちのない) ぼうし」cap   ② 「花」flower
③ 「ふでばこ」pencil case   ④ 「定規」ruler
⑤ 「いい友人」good friend

Practice 3 英語を聞いてみよう！

今度は聞き取り練習だ。●名詞が読み上げられるので、それを聞き取って、下記の下線部に書き込もう。ただし、単数なのか複数なのかも注意すること。CDは何回聞いてもOKだ。

例 ___Tom's books___

CD Track 16
DL Track 019

① _____

② _____

③ _____

④ _____

⑤ _____

ヒント　どうしてもわからなかったら見てね。

CD Track 17
DL Track 020

① plane「飛行機」　② bicycle「自転車」
③ bag「かばん」　④ teacher「先生」
⑤ friend「友人」

Answers Practice 1-3

Practice 1

CD Track 18
DL Track 021

① a chair　　いす（単数）

② clocks　　時計（複数）　❶ うで時計は watch だよ。

③ boys　　少年（複数）

④ a cup　　カップ（単数）

⑤ cats　　ネコ（複数）

Practice 2

CD Track 19
DL Track 022

① I have a cap.　　　　ぼくはぼうしを持っている。

　❶ ちなみに、野球のぼうしは baseball cap、 そして、 ふちのあるぼうし
　は hat だ。

② I have flowers.　　　私は花を持っている。

③ I have a pencil case.　ぼくはふでばこを持っている。

④ I have a ruler.　　　ぼくは定規を持っている。

⑤ I have good friends.　私にはいい友人がいる。

　❶ 日本語だと「友人がいる」だけど英語では「友人を持っている」って言
　うんだよ。

Practice 3

CD Track 16
DL Track 019

① a plane　　　　　飛行機（単数）

② the bicycles　　　その自転車（複数）

③ Kaori's bag　　　カオリのかばん（単数）

④ my teachers　　　私の先生たち（複数）

⑤ Kenta's friends　　ケンタの友人たち（複数）

1つか複数か、つねに数を
気にしてね。

1つでも複数！？

あるものが2つ以上あるときにsをつけるという話をしたよね（複数形）。

a book ➡ **two books**
1冊の本　　　2冊の本

だけど、日本語では1つの物として扱うのに、英語ではsがついて複数扱いするものがある。これは、2つの同類の部品がくっついてできているものによく起こるんだ。例を出そう。

glasses メガネ ➡ 1つのメガネでも複数形
レンズが2枚あるから。

trousers ズボン ➡ 1着のズボンでも複数形
足が2本だから。

scissors ハサミ ➡ 1つのハサミでも複数形
刃を2つ使って作られているから。

1つの物なのに複数扱いなんて変わってるだろう？

ちなみに、ズボンとちがって、shirt「シャツ」やjacket「ジャケット」はうでが左右2つあっても単数扱いなんだ。ズボンは足が2本あるから複数形なのに「へんなの」と思うよね。

一説には、昔のズボンは、足の部分がくつ下のように左右バラバラになっていて、それを1つずつはいてから腰のところでつなげたことによるものと言われている。逆に、シャツは最初から袖と体の部分が別々になっていなかったので、1つの衣類としてそのまま単数形になったという説があるんだ。

さて、英語にはこの他に、左右のペアで使うものがある。普通は同じものを2ついっしょに使うので複数形になるが、片方だけを指すときは単数で使うことになる。

左右両方を指す場合			片方だけ指す場合
shoes	くつ	➡	shoe
sandals	サンダル	➡	sandal
socks	くつ下	➡	sock
earrings	イアリング	➡	earring
gloves	手袋	➡	glove

これを見れば、どれだけ英語は数にこだわりがあるかがわかるよね？ 日本語にはない考え方だけど、1つか、それより多いのか、または、数えられないのか。数を意識すると英語がものすごくうまくなるよ。

a は数えられる名詞が1つで「どれ」かを特定していないときに使われるということがわかった。しかし、実は、場合によっては a の代わりに an が使われることもある。ただし、意味は同じらしい。

CD Track 20
DL Track 023

a が使われる場合

a car	車	a flower	花
a horse	馬	a student	生徒
a large apron	大きなエプロン		

an が使われる場合

an old car	古い車	an egg	たまご
an orange	オレンジ	an artist	芸術家
an apron	エプロン		

それでは、どんな場合には a が使われ、どんな場合には an が使われるのか推測せよ。そして、次の語句のうちどれに an がつくのか当てよ。

CD Track 20
DL Track 023

ant	アリ	interesting book	おもしろい本
banana	バナナ	big elephant	大きなゾウ

・・・・・・・・・・・・・・・・・・・・・・・・・・・・

「car には a で、old car だと an がつくって、よくわからないわね」

「あ、ぼくわかったかも」

「え、ホントに?」

「an のグループの単語を読み上げてみたらわかるよ。共通していることがあるから」

「そっか、なるほど。やるわね」

「そうだね。意味ではなく、発音に関係があるんだ」

答え

次の語の発音が母音（ぼいん）で始まる場合は an がつく。

an がつく	➡	ant, interesting book
a がつく	➡	banana, big elephant

「母音（ぼいん）って何？」

「おおまかに言うと、『アイウエオ』のことだ。英語と日本語では発音は同じではないけど、カタカナで読み方を書いたとき『アイウエオ』から始まる場合には a ではなく an が使われると覚えておこう。ただし、意味は同じだよ」

an <u>a</u>pple　（とある１つの）リンゴ
➡ 母音（ぼいん）で始まっているので an

a <u>b</u>anana　（とある１つの）バナナ
➡ 子音（しいん）で始まっているので a

「なんで a と an を使い分けるとか、そんな面倒（めんどう）なことになってるの？ 意味は同じなんでしょ？」

「そちらのほうが発音しやすいからだよ」

「へ？」

「もし a apple にすると、

　　　ア　アッポゥ

となって読みにくい。だけど、an apple だと

　　　アナッポゥ

だから、発音がしやすいんだ」

「アン　アッポゥじゃなくて、アナッポゥなの?」

「英語では子音（母音以外の音）で終わる語と、母音で始まる語が連続するとくっつけて発音するからだよ」

　　　an⌣apple　➡　アナッポゥ　　　CD Track 21
　　　くっつく　　　　　　　　　　　　　　　DL Track 024

　　　an⌣egg 　➡　アネッグ
　　　くっつく

「へえ、おもしろいのねえ」

「小ネタを1つ言うと、英語の歴史的には、もともとは one「1つ（の）」が an に変わって、そこから n が落ちて a になったと言われている。ただ、母音から始まる単語の場合だけは、発音のしやすさから a にならず an のまま残ったというわけなんだ。そういうわけで a/an は one と意味が似ているんだよ」

「ふーん」

「注意しないといけないのは、a/an の次の単語が母音（ぼいん）で始まるかどうかで決まるということだ。次の例を見てごらん」

    a <u>c</u>ar

        ➡ 母音（ぼいん）で始まっていないので a

    an <u>o</u>ld car

        ➡ 母音（ぼいん）で始まっているので an

    an <u>e</u>gg

        ➡ 母音（ぼいん）で始まっているので an

    a <u>b</u>ig egg

        ➡ 母音（ぼいん）で始まっていないので a

「同じ car と egg でも、a になったり an になったりするのね」

「その通り。あくまでも次の単語といっしょに発音しやすくするためだからね」

「なるほど」

「では、問題を出すよ。今回はまちがい探しだ。次の問題が解けるかな」

次の文にはまちがいがある。それを見つけて正しく書き直そう。なお、I have 〜は「私は〜を持っている」の意味だ。

① I have a egg.
② I have a three bags.
③ I have a old cat.
④ I have an pen.

「あらら、まちがい探しって難しいわね」

「ホントだよ」

「では、ヒントをあげよう。次の条件を満たしているかを考えてみて」

1. a/an は数えられる名詞が単数（1つ）のときに使う。
2. an は直後の単語の発音が母音（アイウエオ）から始まるときに使う。
3. a は直後の単語の発音が子音（母音以外）から始まるときに使う。

「なんか、推理クイズみたいだね。楽しくなってきた」

「わたし、わかったわ！」

「では、答え合わせだ」

(DL Track 025)

① I have an egg.

　　　私はたまごを1つ持っている。

　　🔋 egg は母音から始まっているから an が必要だ。

② I have three bags.

　　　私はかばんを3つ持っている。

　　🔋 かばんが3つあるから a はいらない。a は「1つの」の
　　　意味だからね。

③ I have an old cat.

　　　私は年老いたネコを飼っている。

　　🔋 old は母音から始まる語だから an だね。

④ I have a pen.

　　　私はペンを1本持っている。

　　🔋 pen は子音から始まる語だから a だよ。

「なんとかできたよ」

「私も〜」

「よろしい。では、次のページからは英語で言う練習だ」

Practice 1 英語で言ってみよう!

次の絵を英語にして口（くち）に出そう。ただし、単数の場合は a/an をつけて、複数（ふくすう）の場合は s をつけること。

例 → a dog

例 → an egg

例 → books

① ② ③

④ ⑤

ヒント

CD Track 22
DL Track 026

①「かさ」umbrella ②「雑誌（ざっし）」magazine
③「ゾウ」elephant ④「名札」name tag
⑤「自転車」bicycle

Practice 2 英語で言ってみよう!

I have 〜 .「私は〜を持っている」を使って、次の絵に描かれた物を持っていると英語で言おう。ただし、絵に合わせて a/an や複数形の s をつけること。難しい単語はヒントを見よう。

例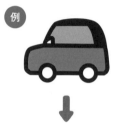
⬇
I have a car.

例
⬇
I have an egg.

例 **5**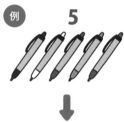
⬇
I have five pens.

①

②

③

④

⑤ **2**

ヒント

① 「うで時計」watch　② 「高価な」expensive
③ 「古い」old　④ 「携帯電話」cell phone
⑤ 「姉・妹」sister

CD Track 23
DL Track 027

Answers Practice 1-2

Practice 1

CD Track 24
DL Track 028

① an umbrella ② two magazines ③ an elephant

④ a name tag ⑤ three bicycles

Practice 2

CD Track 25
DL Track 029

① I have a watch. ぼくはうで時計を持っている。

② I have an expensive watch. 私は高価なうで時計を持っている。

❗ expensive が母音（ぼいん）から始まる語だから、an がつくよ。

③ I have an old car. 私は古い車を持っている。

❗ old が母音（ぼいん）から始まる語だから、an がつくよ。

④ I have a cell phone. ぼくは携帯電話（けいたい）を持っている。

❗ cell phone の代わりに smartphone でもいいよ。

⑤ I have two sisters. 私には妹が２人いる。

❗ sister は姉妹の1人を指す語で、「姉」「妹」どちらの意味もあるよ。
年上か年下かはあまり気にしないんだね。 どうしても区別したいときは、
次のように言うよ。

　「姉」older sister
　「妹」younger sister

これは、brother「兄・弟」も同じだ。

英語のナゾナゾ

今回は英語のナゾナゾを解いてみよう。答えは英語やアルファベットで答えてね。ヒントを見てもいいよ。

問題 1 あなたの顔に咲いているのは何の花？

問題 2 アルファベットの中で一番たくさん水を持っているのはどの文字？

問題 3 次のように文字が並んでいるとき、□に入るアルファベットは何だろう？

MTW□FSS

ヒント 問題 1

① 答えは英語の言葉遊びになっているぞ。
②「くちびる」は英語で lip と言うんだ。
③ lip はくちびるの片方を指すから、人は lip を 2つ持っていることになる。「2つのくちびる」を英語で言うと？

ヒント 問題2

① 答えは言葉遊びになっているよ。

② 世界で一番たくさん水があるところはどこかな?

③ それを英語で言ってみよう。アルファベットのある文字と同じ発音になるんだ。

ヒント 問題3

① 何かの頭文字が並んでいるぞ。

② 7つで1つのセットになっているものはなんだろう?

③ カレンダーを見てみよう。

答え 問題1 tulips「チューリップ（複数）」

🔍 顔には上と下の2つのくちびるがあるね。これを英語にすると two lips。これは tulips の発音とかけているんだ。

問題2 C

🔍 世界で一番多くの水があるところは「海」、つまり sea だ。そして、これがアルファベットの C と同じ発音だ。

問題3 T

🔍 曜日の頭文字が並んでいると気がつけば簡単だ。Monday「月曜日」から始まっているので、□には Thursday「木曜日」の T が入るね。

さて、いよいよ、次のページからナゾ解き推理クイズが始まるよ。ここまで学んだことを生かして、難問にちょうせんだ。

ハナコの法則 ❶

ハナコは、英語を学び始めたばかりの5才の女の子だ。彼女はいつも単語を覚えると、「好き」「きらい」「どちらでもない」に分けている。今日は次の通りだった。

> eat は好きだけど、apple はきらい。
> get は好きだけど、book はきらい。
> happy はどちらでもない。
> sad はどちらでもない。

それでは、ハナコのルールにしたがって、次の単語を「好き」、「きらい」、「どちらでもない」に分けるとどうなるだろうか。

buy「買う」
pencil「えんぴつ」
hungry「空腹な」

ナゾ解きクイズ 1-B

盗まれる絵は？

悪名高い大どろぼうである怪盗ポペンから、美術館に英語で書かれた予告状が届いた。その中で彼は、apples が描かれた絵を盗むと予告していた。

あいにく、美術館にはリンゴを題材とした絵が、全部で3枚あった。絵を守るためには、どれが狙われているのかを知る必要がある。

はたして、次のうちどの絵を盗みにくるのだろうか。

ハナコの法則❷

ハナコは、今日も単語をいくつか学んで、「好き」と「きらい」に分けている。

apple は好きだけど、juice はきらい。
egg は好きだけど、bread はきらい。
game は好きだけど、tennis はきらい。

それを聞いた博士は、

 「じゃあ、book は好きでも homework はきらいということか。 かしこい子だ」

と言った。ハナコはどういう規則で単語の好ききらいを決めているのだろうか。

ペンの本数は？

あなたは、友人のマイケルからおつかいをたのまれ、メモを渡された。だが、スーパーに着いてメモを取り出したとき、文字がかすれて読めなくなっていた。おそらく、本数が書いてあったはずだが、これではわからない。

I need  pen.

（I need ～は『私は～が必要だ』の意味）

さて、あなたはペンを何本買えばいいだろうか。その理由も答えよう。

(A) 1本　(B) 2本　(C) 3本

財宝のカギ

宝物ハンターのケイは、古代遺跡の迷宮をさまよって、ようやく財宝が隠された秘密の部屋にたどりついた。だが、その扉には次のような仕掛けがあった。

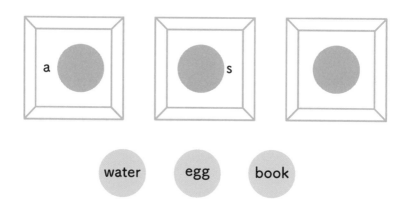

この3つの玉を正しい場所に差し込めば扉は開く。しかし、まちがえればワナにかかって命が危ない。

それでは、どの玉をどの場所に差し込めばいいだろうか。

怪しい第一発見者

美術館から、ある有名な画家の絵が2枚盗まれたと通報があった。早朝に、職員のカールが見回ったところ、展示されていた2枚の両方ともなくなっているのに気がついたというのだ。

その後、悪名高い怪盗ポペンから、100万ドルを要求する手紙が英語で届けられた。

I have your picture. I want $1,000,000.

Popen

だが、警察から相談をうけた博士は、「2枚の絵は別々の人物に盗まれたのかもしれない。第一発見者も調べたほうがいい」と言った。実際、博士の言った通りだったのだが、なぜ彼はカールも怪しいと思ったのだろうか。

解答

ナゾ解きクイズ 1-A

ハナコの法則❶

ハナコは■動詞が好きで●名詞がきらい。 そして、▲形容詞は
どちらでもないのだ。 よって、buy「買う」が好きで、pencil「え
んぴつ」はきらい。 そして、hungry「空腹な」はどちらでもない
ことになる。

ナゾ解きクイズ 1-B

盗まれる絵は？

ポペンは apples の絵を盗むと言った。 つまり、複数のリンゴが
描かれた絵を盗むのだ。 よって、答えは②だ。

ナゾ解きクイズ 1-C

ハナコの法則❷

ハナコは数えられる名詞が好きで、 数えられない名詞がきらい
なのだ。 なお、homework「宿題」は数えられない名詞。

ナゾ解きクイズ 1-D

ペンの本数は？

pen に s がついていないことに注意。 つまり単数のはず。 よって、
答えは (A)。 おそらく、かすれて見えないのは a か one「1」だと
思われる。 メモの意味は「私は1本のペンが必要である」となる。

ナゾ解きクイズ 1-E
財宝のカギ

左から a book、eggs、water となる。 まず、water は数えられ
ない名詞なので、a も s もつかない。 したがって、3つ目の穴に
入る。 egg は発音が母音から始まるので a ではなく an が必要。
よって、1つ目には入らないから、複数形として2つ目に入れる。
残った book が1つ目だ。

ナゾ解きクイズ 1-F
怪しい第一発見者

ポペンの予告状には your picture と書かれていることに注意。
your pictures となっていないので、ポペンが盗んだのは1枚の
はず。 おそらく、ポペンに絵を1枚盗まれたことを職員のカール
が知り、もう1枚を自分が盗んでポペンのせいにしようとしたの
である。 なお予告状の意味は、「私はあなたの絵を持っている。
私は100万ドルがほしい」である。

> うわあ、けっこう難しかったな。
> キミはできたかい?

まとめ

■ ●■▲の区別をつけよう。

●名詞　　　book, student, car
■動詞　　　eat, watch, am, are, is
▲形容詞　　happy, sad, hungry

❷ 文を作るためのパズルの部品になるから、区別がつけられることが大切だね。それと、「いつ、どこで、誰と」などを表す▽にも気をつけよう。

■ ●名詞の種類と使い方は3通り

数えられる名詞が1つ　　　a book　　…　a をつける
数えられる名詞が2つ以上　books　　…　s をつける
数えられない名詞　　　　　water　　…　変化なし

❷ ただし、Tom's「トムの」とか this「この」など「どの」を示す語がくっついている場合は、1つでも a はいらないよ。

■ 単数形には a/an、複数形には s がつく。

a book

an egg　❷母音で始まる名詞は a ではなく an がつくよ。

two books

80

Chapter

2

「○□○」と
「○□△」のナゾ

be動詞を使って文を作ろう

ここから文を作る練習が始まるぞ。法則を見破って、ペラペラを目指すんだ。

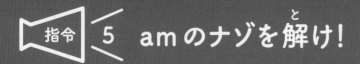

指令 5 am のナゾを解け！

次の英文は、以下の意味を持つ。

CD Track 27
DL Track 031

I am a teacher.	私は先生です。
I am rich.	ぼくは金持ちである。
I am Tom's friend.	私はトムの友人だ。

I が「私は」「ぼくは」の意味だとすると、am の意味は何か推測せよ。そして、次の日本語を英語に直せ。

① 私は生徒です。　　　　　　　　　　（「生徒」student）
② ぼくは背が高い。　　　　　　　　　（「背が高い」tall）

● ●

「teacher の前にある a ってなんだっけ？」

「数えられる名詞が1つのときに使うんじゃなかった？」

「そうか、自分は1人の先生だから a が必要なんだ」

「そうだね。あとは I が『私は』『ぼくは』の意味だから、これらの意味を文全体の意味から引いていけば答えが出るよね？」

答え

am の意味は「〜です」「〜である」「〜だ」である。

① I am a student.
② I am tall.

 「いよいよ文を作る練習だよ。am は『〜です』『〜である』『〜だ』といった意味を持つ■動詞で、文の作り方は、次の2つのパターンがある。p.17の②の並べ方だよ」

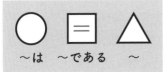

私は幸せです。

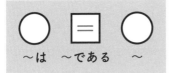

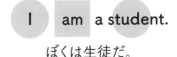

ぼくは生徒だ。

言ってみれば、am というのは、＝『イコール』みたいな働きで、後ろに△がくると『その状態である』、○がくると『同じである』という意味になるんだ。例文でも、『私』は幸せな状態だし、『ぼく』＝生徒であるということだね」

 「なるほど」

 「ではこれを使って何か文を作ってみよう」

「じゃあ、cool『かっこいい』を使って

I am cool!　　ぼくはかっこいい!

でどうだ!」

「またそんなこと言って。それなら、私だって

I am a very smart girl.

私はとても頭のいい女の子です。

でどう?」

「2人とも正解。カスミはちゃんとaをつけたのが感心だね。
そして、a very smart girl で1つの大きな○になるのに注意し
よう。英語は、複数の語が1つになって、○□△▽の働きを
持つ。これらを1つのかたまりとして扱えると英語がうまくなる。
あとはパズルに当てはめるだけですむからね」

a girl　　「女の子」

a very smart girl　　「とても頭のいい女の子」

「そっか、a girl も a very smart girl も語数に関係なく1つの
○として使うってことよね」

「その通り。だから

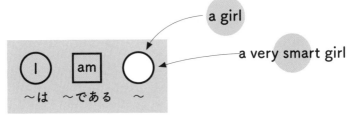

a girl

a very smart girl

この2つは同じパズルを使っているんだよ」

「なるほど～」

「ところで、I am は I'm と短縮して言うこともできる。話しているときは I'm のほうが自然なので、2人の文は次のようになる」

I'm cool!
I'm a very smart girl.

「じゃあ、『ぼくは生徒です』は student を使って、

I'm a student.

だね」

「うむ」

「フフフ。じゃあさ、『ケンタは悪い子です』は、

Kenta am a bad boy.

でいいのよね」

「残念。はずれだ」

「え、なんで？　正しい文じゃないの？　言ってることはまちがってるけどさ。『ぼくは悪い子だ』なら

I am a bad boy.

それか、短縮した形を使って

I'm a bad boy.

で合ってるんだよね」

「その通りだよ」

「えー。じゃあ、なんで私の文がダメなの？ I と Kenta と入れ替えただけじゃない」

「それは次回のお楽しみだね」

「むむむ」

「とにかく、今は I'm 〜 . の言い方を覚えておこう。では、ここで問題だ」

次の英文のまちがいを直し、正しい文にしよう。

① I a student.
② Am happy
③ I'm am Keiko's friend.
④ I an hungry.

「あ、なんかわかる気がするわ」

「パズルに当てはめれば簡単かも」

「できたら、答えを見て確認してね」

 答え

(DL Track 032)

① I'm a student.

❷ I'm は I am でもいいよ。

② I am happy.

❷ 主語がないのはダメだから、I が必要。

③ I'm Keiko's friend.

❷ I'm は I am を短くした形。つまり、am はもう必要ないね。または、I am としてもいいよ。

④ I am hungry.

❷ am と an はスペル（つづり）が似ているから注意してね。

「全問正解したよ！」

「私も！」

「よろしい。では、ここで学んだことを使って、英語を話す練習と聞く練習をしよう」

Practice **1** 英語で言ってみよう！

次の日本文を英語にして口（くち）に出してみよう。知らない単語はヒントを見てもいいよ。

① ぼくはケンの友だちだ。
② 私はお金持ちです。
③ オレは天才だ。
④ 私は美しい。
⑤ オイラはとても疲（つか）れている。

「ぼくは」「私は」「オレは」などにまどわされてはダメだよ。英語では言い方は1つだからね。それと、○と△の区別に注意してね。○のときには a/an を忘れないようにね。

CD Track 28
DL Track 033

①「ケンの」Ken's 「友人」friend
②「お金持ちな」rich ③「天才」genius
④「美しい」beautiful ⑤「とても疲（つか）れて」very tired

Practice 2 英語で言ってみよう!

次の絵を見て「私は〜です」と英語で言ってみよう。名詞のときには a/an を忘れずに。

例  I'm a student.

①

②

③

④

⑤

CD Track 29
DL Track 034

①「警察官」police officer
②「サッカー選手」soccer player
③「空腹な」hungry
④「眠い」sleepy　⑤「背が高い」tall

Practice 3 英語を聞いてみよう！

これはCDを聞く問題だ。絵の人物が自分のことを話すよ。絵と合っていれば○、ちがう場合は×を答えのらんに記入しよう。

例

CDから流れる音声

CD Track 30
DL Track 035

I'm happy.

答え ___×___ ◁ 絵と合わないので×をつける

①

答え _____

②

答え _____

③

答え _____

④

答え _____

⑤

答え _____

 どうしてもわからなかったら見てね。

CD Track 31
DL Track 036

① waiter「ウェイター」　② nurse「看護師（かんごし）」　③ poor「まずしい」
④ tired「疲（つか）れて」　⑤ heavy「重い」

Answers Practice 1-3

Practice 1

CD Track 32
DL Track 037

① I'm Ken's friend.　❸ Ken's「ケンの」があるから a はいらないよ。

② I'm rich.　❸ rich は▲形容詞だから a はいらないよ。

③ I'm a genius.　❸ genius は●名詞だから a がいるよ。

④ I'm beautiful.

⑤ I'm very tired.

Practice 2

CD Track 33
DL Track 038

① I'm a police officer.　私は警察官だ。

② I'm a soccer player.　ぼくはサッカー選手だ。

③ I'm hungry.　私は空腹である。

④ I'm sleepy.　ぼくは眠い。

⑤ I'm tall.　私は背が高い。

Practice 3

CD Track 30
DL Track 035

① ○ I'm a waiter.　私はウェイターです。

② ○ I'm a nurse.　私は看護師です。

③ × I'm poor.　私はまずしいです。

④ × I'm tired.　私は疲れています。

⑤ ○ I'm heavy.　私は重いです。

博士のトリビア

はかせ

英文の書き方ルール

英文を書くときには、次のルールに気をつけよう。

1 文の1文字目は大文字

Soccer is fun.　　　サッカーは楽しい。
My dog is big.　　　ぼくの犬は大きい。

2 人名、地名、国名は、つねに1文字目を大文字

人名や地名、国名などの名前は文の途中でも1文字目を
大文字にするよ。

I live in Japan.　　　私は日本に住んでいる。
My name is Taro.　　ぼくの名前はタロウです。

3 「私は」のI（アイ）はつねに大文字

Tom and I play tennis every day.

トムと私は毎日テニスをする。

4 文の最後は "." （ピリオド）で終わる

I study English.　　ぼくは英語を勉強する。

ピリオド

指令 6 are のナゾを解け!

次の英文は以下の意味を持つ。

CD Track 34
DL Track 039

You are a doctor.	あなたは医者です。
You are my friend.	あなたは私の友だちです。
You are tall.	君は背が高い。

you が「あなたは、君は」の意味だとすると、are の意味は何か推測せよ。そして、次の文を英語に直せ。

① あなたは生徒です。
② 君は疲れている。　　　　　　　　　　　　（「疲れて」tired ）

・・・・・・・・・・・・・・・・・・・・・・・・

「これも、さっきの問題と同じようにやればいいんだな」

「あれ、でもさっきと同じ意味になるような……」

「ホントだ。どういうことだ?」

答え

are は「〜です」「〜である」「〜だ」の意味。

① You are a student.
② You are tired.

「am と同じ意味じゃん！」

「同じ意味なのにちがう単語ってどういうこと?」

「am は、ちょっと変わった動詞なんだよ」

「どこが変わっているの?」

「主語（誰が）によって、まったく別の形に変わるんだ。I『私』のときは am だったが、you『あなた』のときは are になる。しかし、見た目がちがうだけで、意味は同じなんだ」

I <u>am</u> a doctor.　　私は医者<u>です</u>。

You <u>are</u> a doctor.　　あなたは医者<u>です</u>。

「へえっ。へんなの」

「実は、その am も変化した後の形で、元の形（原形）は be なんだ。そこから、be 動詞と呼ばれている」

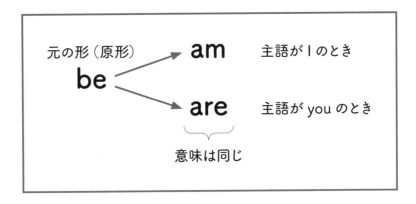

元の形（原形）
be

→ **am** 主語が I のとき

→ **are** 主語が you のとき

意味は同じ

「主語によって形が変わるなんて、英語って不思議ね」

「それに、be が am と are に変わるなんて、ぜんぜん別の単語じゃん！ 同じ動詞なんて思えないぐらいだよ」

「まだまだ、これで終わりじゃないよ。だけど、まずはこの2つに慣れよう」

「はーい」

「では、2人とも例文を作ってごらん」

「そうねえ。じゃあ、ケンタ」

　　　You are kind.　　　　　　あなたは親切です。

「お、ぼくをほめるなんてめずらしい。じゃあ、ぼくも」

　　　You are smart, Kasumi.　　カスミ、君はかしこい。

「て、てれるわね」

「あはは。2人とも正解だよ。ところで、I am にも I'm という短縮した形（短縮形）があったように、you are も you're という形がある。したがって、君たちが作った文も

You're kind.

You're smart, Kasumi.

CD Track 34
DL Track 039

と言ってもいいんだ」

「なるほど」

「では、ここで問題を出そう。できるかな？」

問 題

次の英文のカッコの部分はどれが正しいだろうか。
なお、何も入れる必要がなければ×を選べ。

① I〔 be / am / are / × 〕hungry.

② You〔 be / am / are / × 〕very kind.

③ I'm〔 be / am / are / × 〕Takuya's friend.

④ You're〔 be / am / are / × 〕very tall.

「主語に気をつけるんだよね」

「あと、③と④は注意よ」

「できたかな？ 答えは次の通りだ」

 (DL Track 040)

① am　　I am hungry.
　　　　　私はお腹がへっている。

② are　　You are very kind.
　　　　　あなたはとても親切だ。

③×　　　I'm Takuya's friend.
　　　　　私はタクヤの友だちです。
　　　　　❗ I'm は I am の短縮形だから、何も入らないぞ。

④×　　　You're very tall.
　　　　　あなたはとても背が高い。
　　　　　❗ you're は you are の短縮形だから、何も入らないぞ。

「とにかく I のときは am で、you のときは are だね」

「何度も口に出して、くせにしなきゃ」

「では、これをうまく言えるように練習だ」

Practice 1 英語で言ってみよう!

次の日本文を英語にして口(くち)に出してみよう。

① あなたはメアリーの親友だ。
② 君はとても背(せ)が高い。
③ あんたは正しい。
④ あなたはこの町ではとても有名です。
⑤ 君は野球のファンだ。

「あなたは」「君は」などに
まどわされないでね。英語
では言い方は1つだよ。

CD Track 35
DL Track 041

①「親友」best friend
②「とても背(せ)が高い」very tall
③「正しい」right
④「有名な」famous 「この町では」in this town
⑤「野球のファン」baseball fan

Practice 2 英語で言ってみよう!

次の絵を見て「あなたは〜です」と英語で言ってみよう。●名詞のときには a/an を忘れずに。

例

You are a student.

①

②

③

④

⑤

CD Track 36
DL Track 042

ヒント

①「英語の先生」English ● teacher　②「歯医者」dentist ▲
③「親切な」kind　④「いそがしい」busy
⑤「勇かんな」▲ brave

Practice 3 英語を聞いてみよう！

これはCDを聞く問題だ。「あなたは〜です」と、キミのことを言い当てる英文を聞いて、事実なら○、ちがっていれば×を答えのらんに記入しよう。わからないときは何度聞き返してもよい。

例

CDから流れる音声

CD Track 37
DL Track 043

You are happy.

あなたは幸せです。

答え _____○_____

幸せなら○。幸せでないなら×

① _____ ② _____ ③ _____

④ _____ ⑤ _____

CD Track 38
DL Track 044

どうしてもわからなかったら見てね。

① 12 years old「12才」 ② soccer fan「サッカーファン」
③ angry「怒って」 ④ sleepy「眠い」
⑤ hungry「空腹な」

Answers Practice 1-3

Practice 1

CD Track 39
DL Track 045

① You are Mary's best friend.   ❗ You're でもOK。以下同じ。

② You are very tall.

③ You are right.

④ You are very famous in this town.

⑤ You're a baseball fan.   ❗ a を忘れちゃだめだよ。You are でもOK。

Practice 2

CD Track 40
DL Track 046

① You are an English teacher.   あなたは英語の先生です。

❗ English が母音（ぼいん）から始まる語だから、a じゃなくて an になるよ。

② You are a dentist.   あなたは歯医者だ。

③ You are kind.   君は親切だ。

④ You are busy.   あなたはいそがしい。

⑤ You are brave.   君は勇かんだ。

Practice 3

CD Track 37
DL Track 043

① You are 12 years old.   あなたは12才だ。

② You are a soccer fan.   あなたはサッカーファンだ。

③ You are angry.   あなたは怒（おこ）っている。

④ You are sleepy.   あなたは眠（ねむ）い。

⑤ You are hungry.   あなたはお腹（なか）がへっている。

覚えておきたい会話表現

あいさつやその他の表現を覚えておこう。

CD Track 41
DL Track 047

Hello.	こんにちは。（電話で）もしもし。
Hi.	やあ。こんにちは。 （hello よりもくだけた表現）
Good morning.	おはようございます。
Good afternoon.	こんにちは。
Good evening.	こんばんは。
Good night.	おやすみなさい。
How are you?	調子はどう？

Good morning, Kasumi!
How are you?

Hi, Kenta.
I'm OK. Thanks.

「おはよう、カスミ。調子はどう？」
「こんにちは、ケンタ。大丈夫よ。ありがとう」

CD Track 42
DL Track 048

Thank you.	ありがとう。
Thanks.	ありがとう。（くだけた表現）
I'm sorry.	ごめんなさい。
It's OK.	大丈夫です。
Nice to meet you.	初めまして。
What's your name?	あなたの名前は何ですか？
Would you like 〜 ?	〜はいかがですか？
Yes, please.	はい、お願いします。
No, thank you.	いいえ、けっこうです。

Would you like orange juice?

Yes, please.
Thank you.

「オレンジジュースはいかが？」
「うん、お願い。ありがとう」

Let's 〜.	〜しましょう。	
Of course.	もちろん。	
Sure!	もちろん！	
How about you?	あなたはどうですか？	
Here you are.	はい、どうぞ。（物を渡すとき）	
How old are you?	あなたは何才ですか？	
What time is it?	何時ですか？	
It's 8:30.	8時30分です。	

Let's go to school together!

OK! Let's go!

「いっしょに学校に行こうよ」　　　（together「いっしょに」）
「いいわよ。行きましょう」

指令 7 is のナゾを解け!

次の英文は以下の意味を持つ。

CD Track 44
DL Track 050

Tom is a teacher.	トムは先生です。
Keiko is happy.	ケイコは幸せである。
This is a desk.	これは机だ。
My name is Kazuki.	ぼくの名前はカズキです。

それでは、is の意味は何か推理せよ。そして、次の文を英語に直せ。

① ケンタは私の友だちです。　　（「私の友人」my friend）
② カスミの家は大きい。　　　　（「大きい」big）

・・・・・・・・・・・・・・・・・・・・・・・・・・・・

「もしかして、これも……」

「またまた同じ意味なのにちがう形か。わけわかんねえぇぇ」

「それが英語の特徴なんだよ」

答え

is は「〜です」「〜である」「〜だ」の意味。

① Kenta is my friend.
② Kasumi's house is big.

「というわけで、is もまた『〜です』『〜である』『〜だ』といった意味がある。is もまた be の変化した形なんだ」

「さっきやった am と are と同じ意味なのよね?」

「うむ」

「英語ってホントに変わってるなあ。意味が同じなんだから、1つの形でいいじゃん!」

「まさか、他にもあるんじゃないでしょうね」

「いや、これだけだよ。つまり be 動詞には、3つの形があるんだ。そして、主語(誰が)によって、形を変えるというわけだね」

主語によって形が変わる

be
元の形(原形)

am
are
is

}意味は同じ

「ふぅ。3つでよかった。is は誰が主語なの?」

「一言で言うと、

I と you 以外の1人の人、または、1つの物や動物

だよ。つまり、I と you 以外で1人(1つ)なら is ということだね。どんなものがあるか考えてごらん」

「そうねえ。I と you 以外の1人だったら、Ken『ケン』とか my teacher『私の先生』とかかしら」

「物や事でもいいんだよね、それなら a video game『テレビゲーム』も、soccer『サッカー』も主語になれば is を使うんだな」

「2人とも正解だ」

My teacher is friendly.　　私の先生は親しげです。

Soccer is fun.　　サッカーはおもしろい。

「じゃあ、my friends『私の友人たち』は?」

「それは、ダメ。s がついているから2人以上の友人を指すよね。is を使うのはあくまでも1人のときだけなんだ。my friend なら1人を指すから is になるけどね」

「そっか」

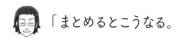「まとめるとこうなる。

My friend is kind.　　　私の（1人の）友人は親切だ。
My friends are kind.　　私の友人たちは親切だ。

Ken is kind.　　　　　　　ケンは親切だ。
Ken and Hanako are kind.
　　　　2人　　　　　　　　　ケンとハナコは親切だ。

ちなみに、複数の場合も are になる」

「ひゃあ、同じ主語なのに、1人か2人以上かで動詞の形が
変わるってすごいな」

「そうだね。とにかく、

　　is は、I と you 以外の1人の人や物・事に使う。

ということ。別の言い方にすると、

> 主語が1人（1つ）なら is。
> ただし、I と you は除く。

という覚え方でもいい」

「はーい」

「では、ここで問題だよ」

①～⑩のうち、下線部に入るものを全て選べ。

_____ is strong.

① I

② You

③ We

④ My dog

⑤ My cats

⑥ Ken

⑦ Mary

⑧ Kentaro's friends

⑨ Hanako's boyfriend

⑩ My level-40 dark knights

「⑩の意味って何?」

「ああ、『ぼくのレベル40のダークナイトたち』だよ。dark knight は日本語にすると『暗黒騎士』というところだね」

「おお、かっけ～」

「なんだ、ゲームの話か」

「ははは。できたら答え合わせだ」

答え

④⑥⑦⑨が空所に入る。

① I のときは is ではなく am。

② you のときは are になる。

③ we のときも are になる。

⑤ my cats は複数のネコを指すから are が正解。

⑧ friends に s がついているから 2 人以上の友人を指す。よって、動詞は is ではなく are。

⑩ knights に s がついているから 2 人以上のダークナイトを指す。よって、動詞は is ではなく are。

「うああ、⑩も正解だと思ったのに……」

「knight『騎士』に s がついているから 2 人以上いるんでしょ」

「わかってるよう。思わずつられちゃったんだって」

「あ、それじゃ、⑨も Hanako's boyfriends なら、『ハナコの彼氏たち』っていう意味になって、動詞は are になるの?」

「その通り」

「おお。ハナコ、モテモテ」

Practice 1 英語で言ってみよう!

次の日本文を英語にして口(くち)に出してみよう。

① トムはメアリーの親友だ。
② ぼくのキャラのレベルはとても高い。
③ 買い物は楽しい。
④ ハルカの彼氏ってめっちゃイケメンよ。
⑤ 今日は日曜日だ。

> 本当に話しているつもりで言うのがコツだ。イメージトレーニングだよ。

CD Track 45
DL Track 051

ヒント

① 「メアリーの」Mary's 「親友」best friend
② 「ぼくのキャラのレベル」my character's level
　「とても高い」very high
③ 「買い物」shopping 「楽しい」fun
④ 「彼氏」boyfriend 「めっちゃ」so
　「イケメンな」good-looking
⑤ 「今日」today 「日曜日」Sunday

Practice 2 英語で言ってみよう!

次の絵を見て「～は～です」と英語で言ってみよう。ただし、主語は指定されたものを使うこと。

例

Tom is a good boy.
トムはいい子です。

Tom / good boy

①

Kenji / very tired

②

my bicycle / old

③

Kyoko's cat / cute

④

this desk / heavy

⑤

Taro / my brother

CD Track 46
DL Track 052

ヒント

① very tired「とても疲れて」　② bicycle「自転車」
③ cute「かわいい」　④ heavy「重い」　⑤ brother「兄・弟」

Practice 3 英語を聞いてみよう！

これはCDを聞く問題だ。次の①〜⑤の絵について、1つずつ英文が読まれるので、絵を正しく説明していれば○、絵とはちがう場合は✕を答えのらんに記入しよう。わからないときは何度聞き返してもよい。

例

CDから流れる音声

The boy is angry.
その男の子は怒っている。

CD Track 47
DL Track 053

答え ✕

絵と合わないので✕をつける

①

答え _____

②

答え _____

③

答え _____

④

答え _____

⑤

答え _____

CD Track 48
DL Track 054

ヒント どうしてもわからなかったら見てね。

① bicycle「自転車」 ② expensive「高価な」 ③ easy「簡単な」
④ hungry「空腹な」 ⑤ small「小さい」

Answers ▶ Practice 1-3

Practice 1

CD Track 49
DL Track 055

① Tom is Mary's best friend.

② My character's level is very high.

③ Shopping is fun.

④ Haruka's boyfriend is so good-looking.

⑤ Today is Sunday.

Practice 2

CD Track 50
DL Track 056

① Kenji is very tired.   ケンジはとても疲れている。

② My bicycle is old.   私の自転車は古い。

③ Kyoko's cat is cute.   キョウコのネコはかわいい。

④ This desk is heavy.   この机は重い。

⑤ Taro is my brother.   タロウは私の弟だ。

Practice 3

CD Track 47
DL Track 053

① ✕ The bicycle is old.   その自転車は古い。

② ◯ The doll is expensive.   その人形は高価だ。

③ ◯ The test is easy.   そのテストは簡単た。

④ ✕ The boy is hungry.   その男の子はお腹がへっている。

⑤ ✕ The dog is small.   その犬は小さい。

博士 の トリビア

am/are/is のもう1つの意味

実は、be 動詞には「～である」の他に、もう1つ大切な意味がある。次の例文を読んで、その意味を推測できるかな？

Kasumi is in the kitchen.	カスミは台所にいる。
My cup is on the table.	私のカップはテーブルの上にある。
The castle is in Kyoto.	その城は京都にある。
I'm here.	私はここにいる。

答えは、「いる、ある」だ。この意味もよく使うので覚えておこう。それでは、次の文を英文にしてみてくれ。

　　① ぼくは自分の部屋にいます。

　　　　　　　　（「私の部屋の中に」in my room ）

　　② 私のかばんはテーブルの上にあります。

　　　　　　　　　（「テーブルの上に」on the table ）

答えは、

　　① I'm in my room.

　　② My bag is on the table.

だね。この後も問題に出すから覚えておこう。

be 動詞のナゾを解け！

be動詞（am/are/is）はそれぞれ「〜である、〜です」と「いる、ある」の意味を持ち、主語によって形が変わる。 それでは、次の文を見て、どのように使い分けるかを当ててほしい。

am を使う場合

CD Track 51
DL Track 057

I am a student.	ぼくは生徒です。
I am busy.	私はいそがしい。
I am in my room.	私は自分の部屋にいます。

are を使う場合

You are a student.	君は生徒です。
We are busy.	私たちはいそがしい。
Ken and Yoko are friends.	ケンとヨウコは友人だ。
My dogs are small.	私の犬（複数）は小さい。
They are in the kitchen.	彼らは台所にいる。

is を使う場合

Taro is a student.	タロウは生徒です。
My father is busy.	ぼくの父さんはいそがしい。
Tom's house is big.	トムの家は大きい。
My dog is small.	私の犬（単数）は小さい。
The clock is on my desk.	その時計は私の机の上にある。

「きたきた。 これが博士が言ってた使い分けの問題だね。 でも難しいな。 主語によって使い分けるんだろうけど」

「are は you のときに使うのだと思ったけど、例文を見ると それだけじゃないみたい」

「ホントだ。 Ken と Yoko の 2 人が主語だと are が使われ ているけど、Taro1 人だと is か。 どういうことだろう?」

「とにかく主語によって変わるのよね。 いくつかよく似た文 があるわ。 それを見比べるとわかるかも」

「では、 ヒントを出してあげよう」

> ヒント① 「私」、「あなた」、 それ以外
> ヒント② 1つか複数か

「うーん」

「この 2 つのヒントの組み合わせを考えるんだよ」

「難しいけど推理クイズみたいでおもしろいかも」

「うん。 なんか燃えてきたぞ」

答え

① am は主語が I のときだけに使う。

② are は主語が you のときと、主語が複数(ふくすう)のときに使う。

③ is は「私」「あなた」以外の1人の人、または1つの物・事、1匹の動物に対して使う。

 「まとめると次の通り」

am	主語が I のとき	

　I am big. 　　　　　　　　私は大きい。

　I am in my room. 　　　ぼくは自分の部屋にいる。

are	主語が you のとき 主語が複数(ふくすう)のとき	

原形

be

　You are big. 　　　　　　あなたは大きい。

　Tom and I are big. 　　トムと私は大きい。

　My dogs are in the garden.

　　　　　　　　　　　　　私の犬たちは庭にいる。

is	I と you 以外の1人、または1つ	

　Takeshi is big. 　　　　　　タケシは大きい。

　My dog is in the garden. 　私の犬は庭にいる。

「これってさあ、日本語で言えば、元の形は『です』だけど、主語によって、『です』が形を変えて

原形

です
- 私は先生**どす** …『私』だから『どす』
- あなたは先生**だす** …『あなた』だから『だす』
- トムは先生**でつ** …『トム』だから『でつ』

みたいな感じ?」

「プッ、なんなのそれ。へんなの」

「あははは、おもしろいたとえだね。だけど、そうとも言えるね。もちろん、英語の am/are/is には、そんなへんな感じはないけどね。単に形が違うだけで、ふつうのまじめな言い方だよ」

「へ～」

「主語に合わせて動詞の形が変わるというのは、日本語にはない文法だから、へんだと思うかもしれないけど、英語を話す人たちには大切な文法なんだよ」

「面倒くさいなあ。いいじゃん、全部同じで。どうせ意味も同じなんだしさ」

「ダメダメ、英語だけじゃないんだよ。フランス語もドイツ語も、スペイン語も、イタリア語も、ヨーロッパで話されている言葉の多くは、主語によって動詞の形が変わるんだ。むしろ、そういった言葉を話す人たちからすれば、『主語によって動詞の形が変わらないなんて、日本語って変わってる！』と思うだろうね」

「へえっ。不思議ね」

「逆に、英語では1つですむのに、日本語ではいろんな語を使い分けるということもあるよ。たとえば、今の例文を考えてみると、英語では『です』の部分を主語によって使い分ける。でも、日本語なら、『私は』に当たるI（アイ）の部分を使い分ける。

> ぼく、オレ、私、あたし、オイラ、わたくし、
> ワシ、あっし、あたい

と、自分を表す言い方がたくさんあって、性別や話す場面、話す相手などによって使い分ける。しかし、英語では誰でも自分のことを言う場合はIという単語1つですむんだ」

英語

I <u>am</u> happy.

同じ意味でも、「誰が」によって、am/are/is を使い分ける。日本語にはない文法。

日本語

<u>私は</u>幸せです。

同じ「自分」を表す場合でも、「ぼく」「私」「オレ」などを使い分ける。英語では全て同じ I（アイ）。

これは you でも同じで、「あなた」「君」「あんた」「お前」など日本語ではいろいろな言い方があるが、英語では全て you。

「なるほど」

「アメリカ人やイギリス人など、英語が母国語の人は、

『自分を指す語が、なんでこんなにいっぱいあるんだ？ どうせ自分のことなんだから1つでいいじゃん。日本語、ムズカシイー！』

と思うかもしれないね」

「結局、おたがいさまってことね」

「そういうこと。日本語でこうだからといって、英語でそうとは限らない。逆も同じ。一番いいのは、そういった日本語とは異なるところを『へんだけど、おもしろい』と思ってまねすることだよ。そうすれば、英語のエキスパートになれるぞ」

「おお、エキスパート！ なんかかっこいい！」

「じゃあ、私もまねして、目指せエキスパートよ」

「よし、では、ここで問題を出そう」

次の英文のカッコ内から正しいものを選べるかな。 そして、英文の意味を答えよう。

① Takeshi [be / am / are / is] Marika's friend.
② Takeshi and Marika [be / am / are / is] good friends.
③ My cat [be / am / are / is] hungry.
④ My cats [be / am / are / is] hungry.

「数に気をつけてね。 できたら、下の答えを見よう」

① is　　タケシはマリカの友だちです。
② are　　タケシとマリカはいい友だちです。
　❷ 主語が2人だから are になるぞ。
③ is　　私のネコはお腹がへっている。
④ are　　私のネコたちはお腹がへっている。
　❷ cats の s に注意だ。 2匹以上いるから are になるぞ。

「うん。 ちょっとわかってきたかも」

「英語って数が大切なのね」

「その通りだよ。 それでは、話す練習をしてみよう」

Practice 1 英語で言ってみよう!

次の日本文を英語にして口に出してみよう。

① ぼくは今、ロンドンにいます。
② あなたは親切です。
③ ユカのお父さんは警察官です。
④ ジュンと私はいい生徒です。
⑤ このテレビゲームはつまらない。

主語によってbe動詞の形が変わるのよね。難しい単語は下のヒントを見てね。それと、○名詞に a/an をつけるのを忘れちゃだめよ。

CD Track 52
DL Track 058

---

① 「ロンドン」London 「今」now
② 「親切な」kind
③ 「警察官」police officer
④ 「いい生徒」good student
⑤ 「テレビゲーム」video game 「つまらない、退屈な」boring

Practice 2 英語で言ってみよう!

次の絵を見て「〜は〜です」と英語で言ってみよう。ただし、主語は指定されたものを使うこと。

例  Ken is sleepy.

Ken

①

my shoes

②

Mika

③

Tom and I

④

this manga

⑤

the movie

CD Track 53
DL Track 059

① 「よごれた」dirty　　② 「ピアニスト」pianist
③ 「いい友人」good friend　　④ 「つまらない、退屈な」boring
⑤ 「ワクワクさせる、非常におもしろい」exciting

125

Answers ▶ Practice 1-2

Practice 1

CD Track 54
DL Track 060

① I'm in London now.

② You're kind.

③ Yuka's father is a police officer.

④ Jun and I are good students.

> ❗ Jun and I で2人だから are になるよ。student に s をつけるのも忘れないでね。

⑤ This video game is boring.

Practice 2

CD Track 55
DL Track 061

① My shoes are dirty. 　　　　　ぼくのくつはよごれている。

> ❗ 左右両方のくつを指すから複数形だね。だから be 動詞も are になるよ。

② Mika is a pianist. 　　　　　ミカはピアニストです。

> ❗ a を忘れないで。

③ Tom and I are good friends. 　トムとぼくはいい友人だ。

> ❗ Tom and I で2人だから are になるよ。

④ This manga is boring. 　　　　このマンガはつまらない。

⑤ The movie is exciting. 　　　その映画はワクワクする。

博士 の トリビア

もう1つの数字

さて、英語にはふつうの数字の他に1番目、2番目、3番目……を表す数字がある。日本語ではふつうの数字に「番目」という言葉をつけるだけですむけど、英語でも同じように数字の最後に th をつければいいんだ。

4　➡　four　　4番目　➡　fourth
10　➡　ten　　10番目　➡　tenth

ただし、1〜3番目はまったくちがう言葉を使う。

1番目　➡　first　　　2番目　➡　second
3番目　➡　third

また、この他に少し形が異なるものがある。

5番目　➡　fifth　　8番目　➡　eighth
9番目　➡　ninth　　12番目　➡　twelfth

次の表を見てくれ。「〜番目」を表す数字は、日付にも使われる。まずは自分や親しい人の誕生日を英語で言えるようになろう。

日付の読み方

日	読み方	日	読み方
1	first	16	sixteenth
2	second	17	seventeenth
3	third	18	eighteenth
4	fourth	19	nineteenth
5	fifth	20	twentieth
6	sixth	21	twenty-first
7	seventh	22	twenty-second
8	eighth	23	twenty-third
9	ninth	24	twenty-fourth
10	tenth	25	twenty-fifth
11	eleventh	26	twenty-sixth
12	twelfth	27	twenty-seventh
13	thirteenth	28	twenty-eighth
14	fourteenth	29	twenty-ninth
15	fifteenth	30	thirtieth
		31	thirty first

My birthday is July 18.　私の誕生日は7月18日です。

Today is May 2.　今日は5月2日だ。

What's the date today?

It's October 21 (twenty-first).

「今日って何日?」　（date「日付」）
「10月21日よ」

When is your birthday?

It's July 18 (eighteenth).
How about you?

My birthday is May 4 (fourth).

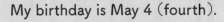

「あなたの誕生日はいつ?」
「7月18日だよ。君はどう?」
「私の誕生日は5月4日よ」

he/she/it/we/you/they のナゾを解け!

英語では、名詞●は次のグループに分けられるという。

he 「彼は」のグループ

CD Track 57
DL Track 063

Takashi	タカシ	my father	私の父
a boy	男の子	Ann's brother	アンの兄・弟

she 「彼女は」のグループ

Mary	メアリー	my mother	私の母
a girl	女の子	Ken's sister	ケンの姉・妹

it 「それは」のグループ

a stapler	ホッチキス	a carrot	ニンジン
my chair	私のいす	the station	その駅
Keiko's doll	ケイコの人形 (1つ)		

we 「私たちは」のグループ

Tom and I　トムとぼく
you and I　あなたと私

you 「あなたは、あなたたちは」のグループ

you and Tom あなたとトム
you and your friends あなたとあなたの友人たち

they 「彼らは」「彼女らは」「それらは」のグループ

Tom and Keiko トムとケイコ my dogs 私の犬（複数）
Keiko's dolls ケイコの人形（複数）

では、次の語はどのグループに入るか考えよ。

CD Track 57
DL Track 063

① Taro「タロウ」 ② Hanako「ハナコ」
③ water「水」 ④ my cats「ぼくのネコ（複数）」
⑤ Meg and Ken「メグとケン」
⑥ Kasumi and I「カスミとぼく」
⑦ you and Taro「あなたとタロウ」

・・・・・・・・・・・・・・・・・・・・・・・・・・・

「性別と、人か物か、あとは数に気をつければいいんじゃない？」

「どこまでいっても英語は数が大切なんだね」

「そう。だんだんわかってきたね」

「人や物を表す語が、どれの仲間なのかを理解するということはとても大切なんだ」

「どうして？」

「英語では、一度出てきた名詞（めいし）は基本的にくりかえして使わないからだよ。次の日本語を見てみよう。

> ジョンは車を持っている。その車はとても大きくて、ジョンは幸せである。

ここでは、『車』『ジョン』という言葉を2回使っても、おかしくないよね。でも、英語では car や John はくりかえさないことになっている。それどころか、使うと『おかしい』と思われることすらあるんだ」

「これも、考え方のちがいなのね」

「それじゃあ、どうするの？」

「代わりに、今学んだ he, she, it などの言葉に置き換えるんだよ。日本語でも重複ちょうふくをさけるために、『それ』とか『彼』『彼女』などと言うよね。同じことなんだ。ただ、そのルールが英語ではもっときびしいということだ。先ほどの例文を英語で書くと次のようになる」

John has a car. **It** is very big, and **he** is happy.
ジョンは車を持っている。それはとても大きくて、彼は幸せである。

「a car が it に、John が he になってるな」

「そっか。これも英語ならではなのね」

「その通り。では、he になるものは何か例を出してみて」

「1人の男の人を指すものなら何でもいいのよね。じゃあ、my brother『私の弟』とか、あと、Hanako's boyfriend『ハナコの彼氏』とか」

「ふむ。では、she になるものはどう?」

「she は1人の女の人だから、my sister『ぼくの妹』とか、ハナコも女の子だから Hanako も she だね」

「そうだね。では、it と they になるものは何がある?」

「it は 1 つの物ってことよね。my room『私の部屋』とか、my ribbon『私のリボン』とかが it になるのよね」

「they は he と she と it が複数になったものでしょ。だったら、さっき出てきたものを複数にして、

my brothers　ぼくの兄弟たち
my sisters　ぼくの姉妹たち
my ribbons　私のリボン（複数）

これだと they になるってことだよね」

「いいだろう、2人とも正解だ。まとめると次のようになっているよ」

he　「彼は」… 男性1人（I と you 以外）

Taro　　　　タロウ
my father　私の父
my teacher　私の先生（男性）

she　「彼女は」… 女性1人（I と you 以外）

Mary　　　　メアリー
my mother　私の母
my teacher　私の先生（女性）

it 「それは」… 物や事1つ、動物1匹

my house　私の家　　the bag　　　そのかばん
soccer　　　サッカー　　an elephant　ゾウ

we 「私たちは」… 自分を含めた複数の人

you and I　　　　　あなたと私
Ken and I　　　　　ケンとぼく
my friends and I　友人たちとぼく

you 「あなたは、あなたたちは」
… あなた、または、あなたを含めた複数の人

you and Tom　　　　　あなたとトム
you and your friends　あなたとあなたの友人たち

they 「彼らは、彼女らは、それらは」
… 複数の人、複数の物や事、動物
ただし、I と you は含めない。
he/she/it になるものが複数ある
場合はこれ。

my parents　私の両親
my gloves　私の手袋（両方）
the dogs　　その犬（複数）

「you って『あなたは』の意味だけかと思ってたら、『あなたたちは』っていう意味もあるのね」

「そうだね。たとえば、私が君たち2人に何か言うときも you『君たち』だし、どちらか1人に向かって話すときも you『君』を使うんだ」

「『君』と『君たち』が同じ言葉なんて変わってる！」

「どっちの意味で使っているかどうやってわかるの?」

「話の流れから察っするんだよ」

「へえ、空気読めってことか。おもしろいわね」

「では、ここで問題だ」

---

①～⑧について、正しい組み合わせであれば○、そうでなければまちがいを直せ。

① my father　　　　➡　he
② my father's car　➡　he
③ Hinako（女の子）➡　she
④ Yui and Miyu　　➡　she
⑤ Daisuke and I　　➡　they
⑥ you and Kei　　　➡　they
⑦ my tennis racket　➡　it
⑧ my tennis balls　　➡　it

「ええと、数と性別に気をつけるんだよね」

「ええ。 あとは、I と you が入っているかね」

「できたら答え合わせをしてみよう」

---

① ○ ❶「お父さん」は1人の男性だから he でよい。

② × ❶「お父さんの車」は物を指すので it だよ。 my father につられないように注意してね。

③ ○ ❶「ヒナコ」は女性だから she でよい。

④ × ❶「ユイとミユ」で2人の人を指すから they だね。

⑤ × ❶「ダイスケと私」でⅠも入っているから、we「私たち」となるよ。

⑥ × ❶「あなたとケイ」で you を含んだ2人を指すから you「あなたたち」だね。

⑦ ○ ❶「私のテニスラケット」は1つの物を指すので it でよい。

⑧ × ❶ balls に s がついているから複数のテニスボールを指す。 よって、they が正解。

「わかったかな？ では、これらを使って練習してみよう」

次の名詞が2回目に出てくるとき、he, she, it, we, you, they のどれに変わるか英語にして口に出してみよう。

例

| my father | ➡ | he | ❶ お父さんは男性なので he「彼は」。 |
| my books | ➡ | they | ❶ 複数の本を指すから they「それらは」。 |

① Mr. Smith
② Ken's mother
③ my bicycle
④ Kenta and Kasumi
⑤ Mary and I
⑥ Hanako's shoes
⑦ you and Ken
⑧ my cats
⑨ the man
⑩ my sister

男性か女性か、それとも物・事か。そして数を考えるんだよ。

 ヒント

---

① スミスさん（男性）　② ケンのお母さん　③ ぼくの自転車
④ ケンタとカスミ　　　⑤ メアリーと私　　⑥ ハナコのくつ
⑦ あなたとケン　　　　⑧ 私のネコたち　　⑨ その男性
⑩ ぼくの姉・妹

Practice 2 英語で言ってみよう!

次の絵を見て、「～は～です」と英語で言ってみよう。ただし、主語は he, she, it, we, you, they のどれかに変えるものとする。

例

She is a student.
彼女は生徒です。

Hanako / student

Hanako を She にかえる。

①

Taro / angry

②

Yuri and I / friend

③

my friends / tired

④

my shoes / new

⑤

my house / big

CD Track 58
DL Track 064

ヒント

① 「怒って」angry　② 「友人」friend　③ 「疲れた」tired
④ 「新しい」new　⑤ 「家」house

Answers ▶ Practice 1-2

Practice 1

CD Track 59
DL Track 065

① he   ⑥ they
② she   ⑦ you
③ it   ⑧ they
④ they   ⑨ he
⑤ we   ⑩ she

Practice 2

CD Track 60
DL Track 066

① He is angry.   彼は怒っている。   （Taro → he）

② We are friends.   私たちは友だちです。   （Yuri and I → we）

❗ 主語が複数だから友だちも2人いることになるので、friend に複数形
のs をつける必要があるよ。自分も友だちの1人だということに注意。

③ They are tired.   彼らは疲れている。   （my friends → they）

④ They are new.   それらは新しい。   （my shoes → they）

❗ くつの片方なら it だけど、両方を指すので they になるよ。

⑤ It is big.   それは大きい。   （my house → it）

140

博士 の トリビア

疑問詞

「いつ」「どこに」「何」など人に物をたずねるのに使う言葉を疑問詞と言うんだ。いくつか覚えておこう。

CD Track 61
DL Track 067

■ **what**「何」

What's your name?　　あなたの名前は何ですか？
（what's は what is の短縮形）

■ **who**「誰」

Who is your teacher?　あなたの先生は誰ですか？

■ **whose**「誰の」

Whose book is this?　これは誰の本ですか？

■ **where**「どこに」「どこで」

Where is your school?

君の学校はどこにあるのですか？

■ **when**「いつ」

When is your birthday?

あなたの誕生日はいつですか？

■ **what time** 「何時に」

What time do you get up every day?

あなたは毎日何時に起きますか？

■ **how** 「どうやって」

How do you go to school?

あなたはどうやって学校に行きますか？

■ **how many As** 「いくつの〜」 「As」は複数形

How many dolls do you have?

あなたはいくつの人形を持っていますか？

■ **how much** 「いくら」

How much is this pen?

このペンはいくらですか？

■ **how much A** 「どれくらいの量のA」

How much sugar do you want in your tea?

紅茶にどれくらいの砂糖を入れてほしいですか？

疑問詞さえ聞き取れれば、文の意味が想像できることがよくある。聞き取るときは注意しよう。

What time do you get up every day, Kasumi?

I usually get up at seven. How about you, Kenta?

I always get up at six thirty.

Really?

「毎日、何時に起きてるの、カスミ？」
「たいていは７時に起きるわ。　あなたはどう、ケンタ？」
「ぼくはいつも６時 30 分に起きるよ」
「ホント？」

否定文のナゾを解け!

be動詞を使って「〜ではない」「いない、ない」というとき、次のような形になるという。

CD Track 62
DL Track 068

I am hungry.	ぼくはお腹がへっている。
↓	
I am not hungry.	ぼくはお腹がへっていない。

You are a teacher.	あなたは先生です。
↓	
You are not a teacher.	あなたは先生ではない。

Tom is in the kitchen.	トムは台所にいます。
↓	
Tom is not in the kitchen.	トムは台所にいません。

このような「〜ない」を表す文を否定文と言うが、これらの例文から考えて、どうすれば否定文を作ることができるかを推測せよ。

そして、次の日本文を英文にせよ。

① 私は算数の先生ではありません。　　（「算数」math ）

② あなたは背が高くありません。　　（「背が高い」tall ）

③ ぼくの犬は庭にいません。　　（「庭に」in the garden ）

④ ケンタのくつは新しくない。　　（「くつ」shoe ）

・・・・・・・・・・・・・・・・・・・・・・・・・・・・・

「今度はbe動詞を使った否定文、つまり『〜ではない』を表す文だよ」

「例文をくらべてみましょう」

「not がカギだな」

答え

am/are/is の後ろに not をつける。

① I am not a math teacher.
② You are not tall.
③ My dog is not in the garden.
④ Kenta's shoes are not new.

 「『～ではありません』と言うためには、am/are/is の後に not をつければいいんだ」

Tom is tired.	トムは疲れています。
Tom is not tired.	トムは疲れていません。

その他の例

I am not Tom's sister.	私はトムの妹ではありません。
You are not a bad boy.	君は悪い子じゃない。
My car is not big.	私の車は大きくないよ。
Tom is not in his room.	トムは自分の部屋にいない。

 「それだけ？ なんか簡単！」

「じゃあ、『私は悲しくありません』だったら

I am not sad.

でいいの？」

「その通り。ただし、実は、ひとまとめにするための短縮形というのがあって、話しているときはそちらをよく使うんだ」

I am not	➡	I'm not
you are not	➡	you're not
		you aren't
Tom is not	➡	Tom isn't
		Tom's not

CD Track 63
DL Track 069

「短縮形を使って言うとこんな感じ？」

ケンタはいじわるではありません。

Kenta isn't mean.　　　　　　　（mean「意地悪な」）

あなたはトロくはありません。

You aren't slow.　　　　　　　（slow「遅い、のろい」）

「正解！」

「先生、イヤミにしか聞こえません……」

「ははは。では、ここで問題だよ」

次の日本語を表すように、カッコに正しい語を1つずつ
入れよう。

① 私はケンではありません。

I'm [　　　　] Ken.

② あなたは悪い生徒ではありません。

You [　　　　] a bad student.

③ サッカーは簡単<ruby>簡単<rt>かんたん</rt></ruby>じゃない。

Soccer [　　　] [　　　] easy.

④ ぼくの制服はロッカーの中に入っていません。

My uniform [　　　　] in my locker.

⑤ 私の手袋<ruby>手袋<rt>てぶくろ</rt></ruby>は大きくありません。

My gloves [　　　　] big.

「わかるんだけど、カッコの数が合わないわね……」

「短縮形<ruby>短縮形<rt>たんしゅく</rt></ruby>を使ったり使わなかったりするんじゃない」

「そっか」

「その通り。では答え合わせをしよう」

(DL Track 070)

① I'm 〔　not　〕 Ken.

② You 〔 aren't 〕 a bad student.

> 👤 1語しか入れられないから、are not ではなく aren't が入るよ

③ Soccer 〔　is　〕〔　not　〕 easy.

④ My uniform 〔 isn't 〕 in my locker.

> 👤 is not でもいいけど、カッコが1つだからね。また、be動詞には「ある、いる」の意味もあるよ。

⑤ My gloves 〔 aren't 〕 big.

> 👤 両方の手袋を指すために s がついている。複数の手袋を指すから is ではなくて are を使うよ。

「よし全問正解よ！」

「ちょっと慣れてきた気がするね」

「では、ここで学んだことを使って話す練習と聞く練習をしてみよう」

Practice 1 英語で言ってみよう!

次の英文を否定文に直して口に出してみよう。

例 I'm sad. ➡ I'm not sad.

① My monster is strong.

② I'm Chika's boyfriend.

③ You are a police officer.

④ My mother is in Japan.

⑤ Takeshi is a bully.

> うまく言えるように
> なるまでくり返すの
> が大切よ。

① monster「モンスター」 strong「強い」
② boyfriend「彼氏、ボーイフレンド」
③ police officer「警察官」
④ Japan「日本」
⑤ bully「いじめっ子」

CD Track 64
DL Track 071

Practice **2**　英語で言ってみよう!

次の絵を見て、×がついている絵は否定文で、×がついていない絵はふつうの文で英語で言ってみよう。

例
Yuri / sad
⬇
Yuri isn't sad.

例
Yuri / sad
⬇
Yuri is sad.

①

I

②

you

③

my father

④

my dog

⑤

the ring

（CD Track 65
DL Track 072）

ヒ⃝ン⃝ト⃝

① 「怒って」angry　　② 「英語の先生」English teacher
③ 「背が高い」tall　　④ 「空腹な」hungry　　⑤ 「高価な」expensive

Answers Practice 1-2

Practice 1

CD Track 66
DL Track 073

① My monster isn't strong.   ぼくのモンスターは強くない。

② I'm not Chika's boyfriend.   ぼくはチカの彼氏じゃないよ。

③ You aren't a police officer.   あなたは警察官ではない。

④ My mother isn't in Japan.   私の母は日本にいない。

⑤ Takeshi isn't a bully.   タケシはいじめっ子ではありません。

Practice 2

CD Track 67
DL Track 074

① I'm not angry.   ぼくは怒っていません。

② You're an English teacher.   あなたは英語の先生です。

③ My father isn't tall.   私の父は背が高くない。

④ My dog isn't hungry.   ぼくの犬は空腹ではない。

⑤ The ring is expensive.   その指輪は高い。

博士 の トリビア

英語のことわざ

「早起きは三文の得」のようなことわざは、英語にもある。ただし、完全に日本語と同じ言い回しになっているわけではないので、理解するにはちょっと推理が必要なんだ。

それでは、次のことわざの意味がわかるかな？ それぞれ、直訳（単語や文法通りの訳）をつけておいたので、日本のことわざでは何に当たるのかを考えてみよう。暗号解読のつもりでね。

① **Time is money.**

> CD Track 68
> DL Track 075

時間はお金だ。

② **Seeing is believing.**

見ることは信じることだ。

③ **When the cat's away, the mice will play.**

ネコがいないときにネズミたちが遊ぶ。

🔴 mice は mouse「ネズミ」の複数形だよ。

④ **Kill two birds with one stone.**

1つの石で二羽の鳥を殺す。

⑤ The early bird catches the worm.

朝早い鳥が虫を捕まえる。

⑥ It is no use crying over spilt milk.

こぼれたミルクを嘆いても仕方がない。

⑦ When in Rome do as the Romans do.

ローマにいるときはローマ人のするようにしなさい。

⑧ Don't count your chickens before they hatch.

卵からかえる前にニワトリの数を数えてはいけない。

⑨ A drowning man will catch at a straw.

溺れかけている人はわらをつかもうとする。

⑩ When one door shuts, another opens.

1つの扉が閉まれば、別の扉が開く。

① 時は金なり
② 百聞は一見にしかず
③ 鬼の居ぬ間に洗たく
④ 一石二鳥
⑤ 早起きは三文の得
⑥ 覆水盆に返らず
⑦ 郷に入れば郷に従え
⑧ 取らぬ狸の皮算用
⑨ 溺れるものはわらをもつかむ
⑩ 捨てる神あれば拾う神あり

どうかな？ 割と似ているものもあれば、まったくちがう言い方の
ものもあるよね。だけど、言い方がちがっても、英語と日本語で
内容はあまり変わらない。まあ、しょせんは同じ人間。考えるこ
とは似たようなものになるということかもね。

最後にもう1つだけ紹介しておこう。

Practice makes perfect. 練習が完ぺきを作る。

文字通り、練習すれば完ぺきになるという意味だ。日本語には
まったく同じものはないけど、あえて言えば「継続は力なり」と
いうところかな。英語も練習あるのみだね。

疑問文のナゾを解け！

be動詞を使って「〜ですか？」「いますか？」「ありますか？」とたずねる文は、次のようにして作るという。

CD Track 69
DL Track 076

I am a student.　　　　私は生徒です。
↓
Am I a student?　　　　私は生徒ですか？

You are happy.　　　　あなたは幸せです。
↓
Are you happy?　　　　あなたは幸せですか？

Ken is in his room.　　　ケンは自分の部屋にいる。
↓
Is Ken in his room?　　　ケンは自分の部屋にいますか？

このような、人にたずねる文を疑問文というが、それでは、どうすれば疑問文にできるのか、その法則を見抜け。

そして、次の文を英語に直せ。

① 私はまちがっていますか？　　　　　　　（「まちがって」wrong）

② あなたは疲れ<ruby>疲<rt>つか</rt></ruby>れていますか？　　　　　（「疲<rt>つか</rt>れて」tired）

③ ヨシコはユーチューバーですか？

（「ユーチューバー」YouTuber）

④ ジュンとカオリはあなたの部屋にいますか？

（「部屋」room）

・・・・・・・・・・・・・・・・・・・・・・・・・・・・・

「人に質問する文を作れってことね」

「とりあえず、例にあるふつうの文と疑問文<ruby>疑問<rt>ぎもん</rt></ruby>を比<ruby>比<rt>くら</rt></ruby>べてみよう」

「何がちがうのかしら」

「順番に注意だよ」

答え

be 動詞（am/are/is）を前に出して、文末に"?"（クエスチョンマーク）をつける。

① Am I wrong?
② Are you tired?
③ Is Yoshiko a YouTuber?
④ Are Jun and Kaori in your room?

「質問する文のことを『疑問文』と言うんだけど、作り方は簡単。be 動詞（am/are/is）を主語の前に持ってきて、？マークを最後につければいい。

　トムは先生です。

Tom　is　a teacher.

　トムは先生ですか？

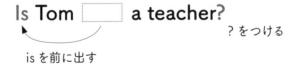

Is Tom ⬚ a teacher?

is を前に出す　　　　　　　　　？をつける

文の1文字目を大文字にするのを忘れないようにね」

「これって、言ってみれば主語と動詞をひっくり返すようなものよね。ひっくり返すっておもしろいわね」

「そうだね。ちなみに、返事のしかたは

Are you sad?　　　　あなたは悲しいですか?

Yes, I am.　　　　　はい、そうです。
No, I'm not.　　　　いいえ、そうではありません。

のようになるよ。これは、元の文から後ろの部分（ここでは sad ）が省略されたものと考えよう。

Yes, I am (sad).　　　はい、私は悲しいです。

No, I'm not (sad).　　いいえ、私は悲しくありません。

そして、you や I の部分は主語に合わせるんだよ」

「じゃあ、主語がカスミなら

Is Kasumi hungry?　　カスミは空腹ですか?

Yes, she is.　　　　　はい、そうです。
No, she isn't.　　　　いいえ、そうではありません。

こんな感じ?」

「その通り。ここで、Kasumi を she に変えないといけないので、さっき、he や she や it に変換（へんかん）する練習をしたんだよ」

「なるほど！　じゃあ、Kenta's shoes が主語なら

Are Kenta's shoes big?　ケンタのくつは大きいですか？

Yes, they are.　はい、そうです。

No, they aren't.　いいえ、大きくありません。

ってこと?」

「正解（せいかい）だ。Kenta's shoes『ケンタのくつ』は左右両方を指し shoe に複数形（ふくすう）の s がついている。複数（ふくすう）の主語に使う be 動詞（し）は are だね。そして、複数（ふくすう）の物は they に置きかわるというわけだ。復習のためにもう一度確認（かくにん）しておこう」

男性1人（I と you 以外）	➡	he	「彼は」
女性1人（I と you 以外）	➡	she	「彼女は」
物や事1つ、動物1匹	➡	it	「それは」
自分を含めた複数（ふくすう）の人	➡	we	「私たちは」
複数（ふくすう）の人や物 （I と you が入らない場合）	➡	they	「彼（女）らは」 「それらは」

「では、ここで問題だよ」

次の日本語を表すように、カッコに正しい語を入れよう。

① [   ] you Jun?　　あなたはジュンですか?

　Yes, [   ] [   ].　　はい、そうです。

② [   ] this car old?　この車は古いですか?

　No, [   ] [   ].

　　　　　　　　　　　　　　いいえ、古くありません。

③ [   ] Hanako and Kaori good friends?

　　　　　　　　ハナコとカオリはいい友だちですか?

　Yes, [   ] [   ].　　はい、そうです。

④ [   ] Ken at school?

　　　　　　　　　　　　ケンは学校にいますか?

　Yes, [   ] [   ].　　はい、そうです。

⑤ [   ] your dogs big?

　　　　　　　　あなたの犬たちは大きいですか?

　No, [   ] [   ].

　　　　　　　　　　　　　　いいえ、大きくありません。

「できたら、答えを確認しよう」

① [Are] you Jun?

　Yes, [I] [am].

② [Is] this car old?

　No, [it] [isn't].

③ [Are] Hanako and Kaori good friends?

❶ ハナコとカオリで 2 人だから be 動詞は are だ。

　Yes, [they] [are].

④ [Is] Ken at school?

　Yes, [he] [is].

⑤ [Are] your dogs big?

　No, [they] [aren't].

❶ dogs は複数形だから they になるよ。

「ひっくり返すと疑問文になるっておもしろいね」

「ホントよ」

「日本語にはない作り方だね。では練習をしてみよう」

Practice 1 英語で言ってみよう!

次の日本文を英語にして口に出してみよう。

① あなたは 12 才ですか?
② 君はメアリーの友だちかい?
③ あなたのお父さんの車は新しい?
④ 君のご両親は家にいるかい?
⑤ これはあなたのマンガ本なの?

主語に合わせて be 動詞の形を変えるのを忘れないように。それと、be 動詞には「いる、ある」の意味もあるよ。

ヒント

CD Track 70
DL Track 078

① 「12 才」12 years old
② 「友人」friend
③ 「あなたのお父さんの車」your father's car
④ 「親（1人）」parent 「家に、家で」at home
⑤ 「これ」this 「マンガ本」comic book

Practice 2 　英語で言ってみよう!

次の絵を見て「〜は〜ですか」と英語で質問して、さらにその答えを
Yes/No の両方で答えてみよう。ただし、主語は指定されたものを使
い、次の通り答えること。

例

Are you a teacher?
　　Yes, I am. I'm a teacher.
　　No, I'm not. I'm not a teacher.

you

①

Hina

②

the girl

③

you

④

your gloves

⑤

your house

CD Track 71
DL Track 079

① 「怒って」angry　　② 「転校生、新しい生徒」new student
③ 「驚いて」surprised　　④ 「手袋（片方）」glove　「新しい」new
⑤ 「大きい」big

Practice **3** 英語で答えてみよう！

これはCDを聞いて答える問題だ。「あなたは〜ですか」と質問されるので、解答が流れる前に自分の答えを英語で言ってみよう。ただし、答え方は次の通りとする。

例 　CDから流れる音声　　　　　　　　　CD Track 72
　　　　　　　　　　　　　　　　　　　DL Track 080

Are you sad?

　　　　　　　　あなたは悲しいですか？

➡ Yes なら

Yes, I am. I'm sad.

　　　　　　　　はい、そうです。私は悲しいです。

➡ No なら

No, I'm not. I'm not sad.

　　　　　　　　いいえ、ちがいます。私は悲しくありません。

質問は①〜⑤までの5問だ。答えがまにあわなかったら、CDを止めてもよい。

CD Track 73
DL Track 081

①〜⑤

 質問が聞き取れなかったら見よう。

CD Track 74
DL Track 082

① tired「疲れて」　② hungry「空腹な」
③ room「部屋」　④ sleepy「眠い」
⑤ bully「いじめっ子」

Answers ▶ Practice 1-3

Practice 1

CD Track 75
DL Track 083

① Are you 12 years old?

② Are you Mary's friend?

③ Is your father's car new?

④ Are your parents at home?

    ❶ 両親とも指すから parent に s がいるよ。そして、動詞は are だ。

⑤ Is this your comic book?

Practice 2

CD Track 76
DL Track 084

① Is Hina angry?　　ヒナは怒っていますか?

  Yes, she is. She is angry.

      はい、そうです。彼女は怒っています。

  No, she isn't. She isn't angry.

      いいえ、ちがいます。彼女は怒っていません。

② Is the girl a new student?　　その女の子は転校生ですか?

  Yes, she is. She is a new student.

      はい、そうです。彼女は転校生です。

  No, she isn't. She isn't a new student.

      いいえ、ちがいます。彼女は転校生ではありません。

③ Are you surprised?　　あなたは驚いていますか?

  Yes, I am. I'm surprised.

      はい、そうです。私は驚いています。

  No, I'm not. I'm not surprised.

      いいえ、ちがいます。私は驚いていません。

④ Are your gloves new?　　君の手袋^{てぶくろ}は新しいの？

Yes, they are. They are new.

はい、そうです。それらは新しいです。

No, they aren't. They aren't new.

いいえ、ちがいます。それらは新しくありません。

⑤ Is your house big?　　君の家は大きいですか？

Yes, it is. It's big.

はい、そうです。それは大きいです。

No, it's not. It's not big.

いいえ、ちがいます。それは大きくありません。

👤 it's は it is の短縮形^{たんしゅくけい}だよ。

Practice 3

CD Track 73
DL Track 081

① Are you tired?　　あなたは疲^{つか}れていますか？

Yes, I am. I'm tired.

はい、そうです。私は疲^{つか}れています。

No, I'm not. I'm not tired.

いいえ、ちがいます。私は疲^{つか}れていません。

② Are you hungry?　　君はお腹^{なか}がへっているかい？

Yes, I am. I'm hungry.

はい、そうです。ぼくは空腹^{くうふく}です。

No, I'm not. I'm not hungry.

いいえ、ちがいます。ぼくは空腹^{くうふく}ではありません。

③ Are you in your room?　　あなたは自分の部屋にいるのですか?

Yes, I am. I'm in my room.

　　　　はい、そうです。ぼくは自分の部屋にいます。

No, I'm not. I'm not in my room.

　　　　いいえ、ちがいます。ぼくは自分の部屋にいません。

④ Are you sleepy?　　君は眠いのかい?

Yes, I am. I'm sleepy.

　　　　はい、そうです。私は眠いです。

No, I'm not. I'm not sleepy.

　　　　いいえ、ちがいます。私は眠くありません。

⑤ Are you a bully?　　君はいじめっ子なの?

Yes, I am. I'm a bully.

　　　　はい、そうです。ぼくはいじめっ子です。

No, I'm not. I'm not a bully.

　　　　いいえ、ちがいます。ぼくはいじめっ子ではありません。

うまく言えるようになるまで
練習してね。

博士のトリビア

it の特別な使いかた

it は、すでに話に出てきた1つの物や事を指すということを前に学んだね。

This is Tom's car, and it is very old.

これはトムの車です。 そして、それはとても古いです。

上の例文では Tom's car が it に変わっているね。
実は、it はこのほかに天気や気温、日付、時間を指すのにも使われるんだ。 この場合の it はたいした意味がない。 なくてもいいぐらいだけど、英語は主語が大切なので、なしですますことができないんだよ。

It's hot today!　　　　　今日は暑いね！
　　　　　　　　　　　　　　❶ it's は it is の短縮形。

It's sunny.　　　　　　　（天気は）晴れです。
It's 3:10.　　　　　　　　（時刻は）3時10分です。
It's my birthday today.　今日はぼくの誕生日だ。

へんな感じがするけど、「こんなもの」だと思って、自分でも使ってみよう。

ハナコの法則

ハナコは今日も学んだ英語を「好き」と「きらい」に分けている。

> Tom は好きだけど、Tom and Mary はきらい。
> Ken's cat は好きだけど、Jim's dogs はきらい。
> I「私」はどちらでもない。

これを聞いたケンタとカスミも、まねして分けてみた。どちらが、ハナコと同じルールにしたがっているだろうか。

 「my parents は好きだけど、a banana はきらい」

 「my father's car は好きだけど、my shoes はきらい」

ナゾ解きクイズ 2-B

ちらばった絵

ある美術館で、絵が4枚壁から落ちてしまった。元に戻したいのだが、それぞれどこにかければいいか当ててほしい。

He	She	It	They

①

②

③

④

犯人を探せ

ヤマダ警部が助けを求めてやってきた。ある事件の目撃者が外国人で、言っていることがよくわからないそうだ。そこで、目撃者の証言を読み、誰が犯人X（エックス）なのかを当ててほしい。

目撃者証言

X is not a man.

X is tall.

容疑者

Dave　　　Sara　　　Kim

ナゾ解きクイズ 2-D

ボスの名前

ギャング団に潜入_{せんにゅう}している捜査員_{そうさ}から、手紙に見せかけた秘密のメッセージが届けられた。おそらく、これまでわからなかったボスの名前が隠_{かく}されているはずだ。その名前を当てよ。

Hello! I am student.
　　　 <u>　　</u>　 <u>　　　　</u>
　　　　 K　　　 R

My textbooks isn't easy.
　　　　　　　 <u>　　　</u> <u>　　　</u>
　　　　　　　　 E　　 N

Are you and Tom a friend?
<u>　　</u>　　　　　　　 <u>　　　　　　</u>
 S　　　　　　　　　 N

Bye!
Hiroyuki

暗号解読

あるお金持ちの男性が大金を残して亡くなった。そして、その娘が助けを求めてやってきた。金庫の暗証番号がわからないというのだ。男性は番号を暗号にして残していた。番号は3ケタの数字らしいのだが、はたして、暗証番号はなんだろうか。

_____ I a teacher?

(2) Am   (5) Are   (8) Is

_____ is at school now.

(3) Mary and Tom   (4) We   (6) Ken

My dogs _____ hungry.

(1) am   (7) is   (9) are

英字新聞のまちがい

英語の文法を勉強中のタロウは、ある日、英字新聞（英語で書かれた新聞）を読んでいた。そして、次の英文を読んだとき、たちどころにまちがいがあることに気がついた。

Kyoto are Japan's capital.

（capital「首都」）

さて、この文をどう直せばいいだろうか。

解答
かいとう

ナゾ解きクイズ 2-A
ハナコの法則
ほうそく

ケンタが正解。ハナコは、主語にしたときに is を使うものが好きで、are を使うものがきらい、そして、am を使うものはどちらでもないのだ。

ナゾ解きクイズ 2-B
ちらばった絵

He →② She →④ It →① They →③

絵画の題名に合うものを選べばよい。He は男性1人を指すので、②。She は女性1人だから④。It「それ」は物や動物1匹を指すから①が入る。③はネコが描かれているが複数なので It ではなく、They である。

ナゾ解きクイズ 2-C
犯人を探せ
さが

Sara が犯人。最初の証言で犯人 X は男性ではないとわかる。そして、2つ目の証言で X は背が高いと述べている。

ナゾ解きクイズ 2-D
ボスの名前

ボスの名前は REN。3つの文で下線が引かれたところにまちがいがあることに注意。1つ目は student に a をつける必要がある。2つ目の文は、textbooks に複数の s がついているので、isn't ではなく aren't である。3つ目は主語が2人なので友人も2人いるはずだから a friend が friends になる。そして、このまちがっているところのアルファベットを順番に並べると、REN である。

ナゾ解きクイズ 2-E

暗号解読

暗証番号は 269。空所に入る語を選択肢から選び、その番号を並べればよい。最初の文は、主語が I なので be 動詞は am。2つ目の文は be 動詞が is なので主語は私とあなた以外の単数のはず。よって、Ken が入る。そして、最後は My dogs が複数形なので are が正解。

ナゾ解きクイズ 2-F

英字新聞のまちがい

are を isn't（is not）に直すか、Kyoto を Tokyo にして、are を is に直す。Kyoto「京都」という1つの町が主語だからといって、反射的に is に直さないように注意。「京都は日本の首都である」という意味になってしまう。意味から考えて、

Kyoto isn't Japan's capital. 　　京都は日本の首都ではない。
Tokyo is Japan's capital. 　　東京は日本の首都だ。

に直す。あるいは、昔京都が首都だったので、まだこの本では習っていないが過去形の was「だった」にしてもよい。

> やだもう、最後の問題にひっかかっちゃったわよ。あなたはどうだった？

まとめ

■ be動詞（am/are/is）は「〜である」「いる、ある」の
意味だ。

> I am happy.　　　　　　　私は幸せです。
>
> Mr. Tanaka is a doctor.　田中さんは医者である。
>
> Ken is in Canada now.　ケンは今カナダにいる。

■ be動詞は主語によってまったくちがう３つの形になる。

> I am hungry.　　　私は空腹である。（I'm）
>
> You are hungry.　あなたは空腹である。（You're）
>
> He is hungry.　　彼は空腹である。（He's）

だけど、形が違うだけで同じ意味だ。

■ 否定文は not をつける。

> I am happy.　　　　　ぼくは幸せだ。
>
> I am not happy.　　ぼくは幸せではない。（I'm not）

■ 疑問文は be動詞を前に出す。

> You are happy.　　あなたは幸せです。
>
> Are you happy?　あなたは幸せですか？

Chapter

3

「○□」と
「○□○」のナゾ

いっぱんどうし
一般動詞を使って文を作ろう

今度は、他の動詞を使って文を作る練習よ。いろんなことが言えるようになるんだって！

指令 12 ○□▽のナゾを解け！

Chapter 1で、英語の文はいくつかのパズルからできていることを学んだ。そして、「いつ」「どこで」「誰と」に相当する語句はおまけの▽として、文末にくっつくこともわかった。

CD Track 78
DL Track 086

○は□する

I study every day.

ぼくは毎日勉強する。

○は○を□する

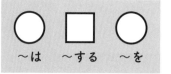

I eat dinner at 7.

私は7時に夕食を食べる。

それでは、上のパズルを使って次の日本語を英語に直せ。

① 私は毎日7時に起きる。 　　　　　　　　　（「起きる」get up）

② ぼくは放課後トムとテニスをしている。

③ 君は毎週日曜日にケンジとアニメを見る。

　　　　　　　　　　　　　　　　（「アニメを見る」watch anime）

・・・・・・・・・・・・・・・・・・・・・・・・・・・・・

「並べるだけだから簡単だね」

「▽の部分がちょっと難しいかも」

「では、ヒントをあげよう。

毎日	➡	every day
7時に	➡	at seven
トムと	➡	with Tom
放課後に	➡	after school
毎週日曜日に	➡	every Sunday

これらを使って文を作るんだ。▽が2つ必要な文もあるから注意するんだよ」

答え

① I get up at seven every day.
② I play tennis with Tom after school.
③ You watch anime with Kenji every Sunday.

「並べるだけだから簡単だったね」

「話すときもこの順番で話せばいいのよね」

「その通り」

「ようし。じゃあ、文を作ってみるね」

I help my mother after dinner.
ぼくは夕食の後お母さんの手伝いをします。

「ホントかしら？ ……じゃあ、私も」

I study English every day.
私は毎日英語を勉強しています。

「ムムム、ほんとにやってそうだからツッコめない……」

「フフ」

「ははは。じゃあ、問題を出すよ。できるかな？」

次の語句を並べ替えて正しい英文にしてくれ。

① ぼくは理科が好きです。

I, science, like

② 私は犬を飼っています。

I, a dog, have

③ あなたは英語を上手に話します。

you, English, well, speak

④ あなたは毎日学校で勉強しています。

you, every day, at school, study

⑤ ぼくは毎週土曜日に部屋を片づけます。

I, every Saturday, my room, clean

「パズル通りに作ればいいのよね」

「それぞれの語句が○□▽のどれになるのか考えなきゃ」

「答えは次の通り。 できたかな?」

答え　　　　　　　　　　　　　　（DL Track 087）

① I like science. （science「理科、科学」）

② I have a dog.

❗ 英語では「犬を持っている」と言うよ。

③ You speak English well.

④ You study at school every day.

⑤ I clean my room every Saturday.

（every「毎〜」）

「できたよ〜」

「私もよ。 ちょっと英語の順番に慣れてきたかも」

「それはよかった。 じゃあ、話せるように練習するよ」

練習あるのみよ！

がんばろう〜

Practice 1 英語で言ってみよう!

次の日本文を英語にして口（くち）に出してみよう。

① ぼくは夕食前にお風呂（ふろ）に入る。
② 私は小さな町に住んでいます。
③ ぼくは放課後友人たちといっしょに宿題をします。
④ 私は新しいふでばこがほしい。
⑤ ぼくは毎日３人の友だちと学校に行きます。

> 「誰（だれ）が」「何する」「何を」が先で、「いつ・どこで・誰（だれ）と」は後（あと）だよ。わからなかったら下のヒントも見てね。

CD Track 79
DL Track 088

① 「お風呂（ふろ）に入る」take a bath 「夕食前に」before dinner
② 「〜に住む」live in 〜 「小さな町」small town
③ 「私の宿題をする」do my homework 「放課後」after school
④ 「ほしい」want 「ふでばこ」pencil case
⑤ 「学校に行く」go to school

Practice 2 英語で言ってみよう！

次の絵を見て「私は毎日〜します」と英語で言ってみよう。

例

I play tennis every day.

①

②

③

④

⑤

ヒント

CD Track 80
DL Track 089

① 「ねぼうする」oversleep
② 「私の部屋を片づける」clean my room
③ 「私の歯をみがく」brush my teeth
④ 「ドッジボールをする」play dodgeball
⑤ 「私の宿題をする」do my homework

Practice 3 英語を聞いてみよう!

これはCDを聞く問題だ。「あなたは〜します」と、キミの行動を当てる英文を聞いて、事実なら○、ちがっていれば×を答えのらんに記入しよう。わからないときは何度聞き返してもよい。

例 〔CDから流れる音声〕 〔CD Track 81 DL Track 090〕

You study English every day.
あなたは毎日英語を勉強している。

答え _____○_____

キミが毎日英語を勉強しているなら○。しないなら×

① _____ ② _____ ③ _____

④ _____ ⑤ _____

ヒント どうしてもわからなかったら見てね。 〔CD Track 82 DL Track 091〕

① cell phone「携帯電話」 ② anime「アニメ」

③ rice「ごはん(お米)」 for breakfast「朝食に」

④ with friends「友人たちと」 ⑤ PC「パソコン」

Answers Practice 1-3

Practice 1

CD Track 83
DL Track 092

① I take a bath before dinner.
② I live in a small town.　❶ a をつけるのを忘れないで。
③ I do my homework with friends after school.
④ I want a new pencil case.　❶ a をつけるのを忘れないで。
⑤ I go to school with three friends every day.

　❶ friends に s をつけるのを忘れないで。

Practice 2

CD Track 84
DL Track 093

① I oversleep every day.　　　　私は毎日ねぼうします。
② I clean my room every day.　　ぼくは毎日自分の部屋を片づけます。
③ I brush my teeth every day.　　私は毎日歯をみがきます。
④ I play dodgeball every day.　　ぼくは毎日ドッジボールする。
⑤ I do my homework every day.　私は毎日宿題をします。

Practice 3

CD Track 81
DL Track 091

① You want a cell phone.　　　　あなたは携帯電話がほしい。
② You watch anime every day.　　あなたは毎日アニメを見ている。
③ You eat rice for breakfast.　　あなたは朝食にご飯を食べる。
④ You go to school with friends.　あなたは友人たちと通学している。
⑤ You have a PC in your room.　あなたは自分の部屋にパソコンを持っている。

博士のトリビア

be 動詞と一般動詞の区別

am/are/is の元の形は be。このことから、これらは be 動詞と呼ばれている。ところが、ふつうの動詞とは性質があまりにも異なるため、eat や study など、それ以外の動詞はすべて「一般動詞」と呼ばれているんだ。

be 動詞

➡ be だけ（活用した形 am/are/is なども含む）

一般動詞

➡ be 動詞以外のすべての動詞（eat や study など）

be 動詞がよほど変わってるということだね。

さて、この2つは、文の作り方がまったくちがうので、別々に学ぶことになる。注意しないといけないのは、be 動詞と一般動詞をいっしょに使うなということだよ。

✕ I <u>am</u> <u>play</u> soccer.
　　　■　　■　　いっしょにするのはダメ

よくやりがちなまちがいなので、気をつけよう。パズルで■が2つあったらダメなんだ。

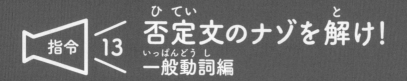

否定文のナゾを解け！
一般動詞編

一般動詞を使った文は、次のようにして否定文「〜しません」を作るという。

CD Track 85
DL Track 094

I play tennis.   私はテニスをします。

⬇

I don't play tennis.   私はテニスをしません。

You play tennis.   あなたはテニスをします。

⬇

You don't play tennis.   あなたはテニスをしません。

We study English at school.

私たちは学校で英語を勉強する。

⬇

We don't study English at school.

私たちは学校で英語を勉強しない。

それでは、どうすれば否定文を作ることができるのか、その法則を見抜け。

そして、次の日本語を英語にせよ。

① 私は朝食を食べません。　　　　　　　　（「朝食」breakfast）

② あなたは毎日働いていません。　　　　　　　（「働く」work）

③ 私たちは家で日本語を話しません。
　　（「話す」speak　「日本語」Japanese　「家に、家で」at home）

・・・・・・・・・・・・・・・・・・・・・・・・・・・・・・・・・・

「一般動詞って何だっけ？」

「be動詞以外の動詞でしょ」

「そっか」

「be動詞の否定文とはちがうみたいね」

「notをつけるだけじゃないんだな。なんかへんな記号もついてるし」

「それほど複雑じゃないよ。落ち着いてね」

答え

動詞の前に don't をつける。

① I don't eat breakfast.
② You don't work every day.
③ We don't speak Japanese at home.

「動詞の前に don't をつけると、否定文『〜しません』になる」

I like dogs.　　ぼくは犬が好きだ。

I don't like dogs.　　ぼくは犬が好きじゃない。

「それだけ？　なんか簡単」

「私もそう思った」

「簡単だと思ったのなら、才能アリだね！　ただし、英語はわかっているだけでは話せるようにならないんだ。何度も口に出して、頭を使わなくてもペラペラと口に出せるようにしよう」

「よっし」

「ちなみに、don't は do not の短縮形だよ。話すときは don't を使えばいい」

「is not が isn't になるのと同じ感じか」

「じゃあ、文を作ってみるわね」

I don't eat snacks before dinner.

私は夕食の前におやつを食べません。

「それなら、ぼくも作ってみよう」

I don't oversleep.

ぼくはねぼうはしません。

「うむ。内容はあえてツッコまないけど、2人とも正しい文だよ」

「内容も正しいわよね?」

「うん、そうだよ。ふふふ」

「あははは。be動詞(～である)と一般動詞(～する)の否定文の作り方をまちがえないようにね」

■ be動詞 「～である」「いる、ある」

I am a student.　　私は生徒です。

I am not a student.　私は生徒ではありません。

■ 一般動詞 「～する」(be動詞以外の動詞全部)

I have a car.　　私は車を持っています。

I don't have a car.　私は車を持っていません。

「使い分けがややこしいわね」

「まず『〜である』と言いたいのか、『〜する』と言いたいのかを考えよう。そして、どのパズルを使っているのかを考えればいいんだ」

「なるほど」

「では、ここで問題だよ」

日本語に合うように、次のカッコに適切な語を入れよう。be動詞と一般動詞の区別に注意しよう。

① ぼくはコーヒーが好きではありません。

　　I〔　　　　　〕like coffee.

② 私はユウマの妹ではありません。

　　I'm〔　　　　　〕Yuma's sister.

③ 私は携帯電話を持っていません。

　　I〔　　　　　〕have a cell phone.

④ 私は疲れていません。

　　〔　　　　〕〔　　　　　〕tired.

⑤ ぼくは日曜日は学校に行きません。

　　I〔　　　　〕〔　　　　　〕to school on Sundays.

答え

(DL Track 095)

① I [don't] like coffee.

❷ like は一般動詞だから don't が必要だ。

② I'm [not] Yuma's sister.

❷ I'm は I am と同じだから not をつけるだけでいい。

③ I [don't] have a cell phone.

❷ have は一般動詞だから don't をつける。

④ [I'm] [not] tired.

❷ tired は happy と同じ△で一般動詞ではない。なので、主語と tired を be 動詞でつなぐ必要がある。

⑤ I [don't] [go] to school on Sundays.

❷ 曜日を複数形にすると「〜曜日はいつも」「毎週」の意味がつくよ。

「ふう。 なんとかなったけど、 ちょっと難しかったわね」

「ぼくも思った」

「とにかく、 be 動詞とその他の動詞は文の作り方がまったく別だとわかればいい。 あとは、 だんだんと慣れていこう」

次の日本文を英語にして口(くち)に出して言ってみよう。

① 私はキョウコをよく知りません。
② ぼくは甘(あま)いお菓子(かし)は食べません。
③ 私は目覚まし時計を持っていません。
④ ぼくは野菜が好きではありません。
⑤ 私はあなたの助(たす)けを必要としていません。

数えられる名詞(めいし)が単数なら a/an をつけて、複数(ふくすう)なら s をつけるのを忘れちゃだめよ。

CD Track 86
DL Track 096

①「知っている」know 「よく」well
②「甘(あま)いお菓子(かし)」sweets
③「目覚まし時計」alarm clock
④「野菜」vegetable
⑤「必要とする」need 「助け」help 「あなたの」your

Practice 2 英語で言ってみよう!

次の絵を見て「私は〜しません」と英語で言ってみよう。

例

I don't play tennis.
私はテニスはしません。

①

②

③

④

⑤

ヒント

CD Track 87
DL Track 097

① 「見る」watch 「テレビ」TV
② 「テレビゲーム」video game
③ 「飲む」drink 「コーヒー」coffee
④ 「ピーマン」green pepper
⑤ 「学校に行く」go to school 「バスで」by bus

Answers Practice 1-2

Practice 1

CD Track 88
DL Track 098

① I don't know Kyoko well.

   ❗ don't の代わりに do not でもいいよ。以下同じ。

② I don't eat sweets.

③ I don't have an alarm clock.

   ❗ an をつけるのを忘れないで。

④ I don't like vegetables.

⑤ I don't need your help.

Practice 2

CD Track 89
DL Track 099

① I don't watch TV.

   ぼくはテレビを見ません。

② I don't play video games.

   私はテレビゲームをしません。

③ I don't drink coffee.

   私はコーヒーは飲みません。

④ I don't like green peppers.

   ぼくはピーマンが好きではありません。

⑤ I don't go to school by bus.

   私はバスで学校に行っていません。

博士<ruby>はかせ</ruby> の トリビア

意外な意味を持つ単語

英語の単語は1つの語につき、2つ以上の意味を持つことが多い。たとえば、play には次のような意味がある。

play
- 遊ぶ
- （楽器など）を演奏<ruby>えんそう</ruby>する
- （スポーツなど）をする

だいたいは似通っているので想像<ruby>そうぞう</ruby>がつきやすいけど、中には意外な意味を持つものがある。それを紹介しよう。

play「遊ぶ、する、演奏<ruby>えんそう</ruby>する」 ➡ 「劇<ruby>げき</ruby>」
　see a play　劇<ruby>げき</ruby>を見る
　❷ 上で紹介した以外にもこんな意味があるんだよ。

book「本」 ➡ 「予約する」
　book a table at the restaurant
　レストランでテーブルを予約する

cold「寒い、冷たい」 ➡ 「風邪<ruby>かぜ</ruby>」
　catch a cold　風邪<ruby>かぜ</ruby>をひく

car「車」 ➡ 「電車の車両」

  a dining car　食堂車

  the second car of the train

                      その電車の2両目の車両

it「それ」 ➡ 「鬼ごっこの鬼」

  Tag! You're it next. タッチ！ 次は君が鬼だ。

  ❷ 英語では「タッチ」ではなく Tag! と言うよ。 そして、tag は
    「鬼ごっこ」という意味もある。

fine「元気な」 ➡ 「罰金」

  pay a fine 罰金を払う

safe「安全な」 ➡ 「金庫」

  open the safe 金庫を開ける

park「公園」 ➡ 「駐車する」

  park a car 車を駐車する

  ❷ 日本語でも駐車場のことをパーキングと言うけど、 ここから
    きているんだ。

fly「飛ぶ」 ➡ 「ハエ」

  catch a fly ハエを捕まえる

疑問文のナゾを解け！
一般動詞編

指令 14

次の例文を見て、疑問文の作り方を推測せよ。

CD Track 90
DL Track 100

> **You play soccer every day.**
>
> あなたは毎日サッカーをしています。
>
> ⬇
>
> **Do you play soccer every day?**
>
> あなたは毎日サッカーをしていますか？

そして、次の日本文を英語に直せ。

① あなたは毎日英語の勉強をしていますか？
② 君は自分の学校が好きかい？

（「学校」school）

- -

「これも簡単じゃない？」

「だね。やっぱ、ぼくたち才能あるんじゃ……」

「あくまでも、ペラペラ話せることが目的なのを忘れずにね」

答え

Do を文の先頭に置く。

① Do you study English every day?
② Do you like your school?

「というわけで、Do を先頭につけて、最後に？をつけるだけ
だよ。

You study English every day.

あなたは毎日英語を勉強します。

Do you study English every day?

あなたは毎日英語を勉強しますか？

ちなみに、答え方はこうなる。

Yes, I do.　はい、します。
No, I don't.　いいえ、しません。

do で聞かれたら、do で答えると覚えておくといいぞ」

「よゆうよ」

「ふむ。なら、何か疑問文を作ってみよう」

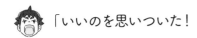「いいのを思いついた！

Do you like cockroaches? （cockroaches「ゴキブリ」）
あなたはゴキブリが好きですか？

カスミ答えてよ。ひひひ」

「No, I don't!　キライに決まってるでしょ！　何てこと聞くのよ、まったく。なら私も言っちゃうわよ」

Do you help your mother every day?
あなたはお母さんを毎日手伝いますか？

「げッ。Yes! Yes, I do!　そ、そんなの当たり前じゃないか」

「ウソ。あんたのお母さんが、ちっともお手伝いしないって言ってたわよ」

「くっ。母さん、余計_{よけい}なことを……グググ」

「ははは、では、ここで問題を出すよ」

問題

AとBの会話を読んで、カッコに適する語を入れてみよう。be動詞と一般動詞に気をつけて。

① A: [   ] you happy?

   B: Yes, I [   ].

   「あなたは幸せですか?」
   「はい、幸せです」

② A: [   ] you have a cell phone?

   B: Yes, I [   ].

   「君は携帯電話を持っていますか?」
   「はい、持っています」

③ A: [   ] you a pianist?

   B: No, [   ] [   ].

   「あなたはピアニストですか?」
   「いいえ、ちがいます」

④ A: [   ] you play the piano?

   B: No, I [   ].

   「あなたはピアノをひきますか?」
   「いいえ、ひきません」

⑤ A: Do [   ] brush your teeth every day?

   B: Yes, [   ] [   ].

   「君は毎日歯をみがきますか?」
   「はい、みがきます」

「1番と3番の問題はひっかけ問題よね?」

「ホントだ。気をつけなきゃ」

「答えは、これだ」

 DL Track 101

① A: 〔　Are　〕 you happy?

　B: Yes, I 〔　am　〕.

　❶ You are happy. の疑問文(ぎもん)なので、be動詞(どうし)が必要だ。

② A: 〔　Do　〕 you have a cell phone?

　B: Yes, I 〔　do　〕.

　❶ have が一般動詞(いっぱんどうし)なので、do を使うよ。

③ A: 〔　Are　〕 you a pianist?

　B: No, 〔　I'm　〕 〔　not　〕.

　❶ You are a pianist の疑問文(ぎもん)だね。

④ A: 〔　Do　〕 you play the piano?

　B: No, I 〔　don't　〕.

　❶ play が一般動詞(いっぱんどうし)なので、do を使うんだね。

⑤ A: Do 〔　you　〕 brush your teeth every day?

　B: Yes, 〔　I　〕 〔　do　〕.

　❶ brush が一般動詞(いっぱんどうし)なので、do が必要だよ。

「できたかな? それでは、ここで学んだことを使って、話す練習をしてみよう」

Practice 1 英語で言ってみよう!

次の日本文を英語にして口に出してみよう。

① あなたは体育が好きですか?
② 君は大きな町に住んでいるのかい?
③ あなたは夕食の後、皿洗いをしますか?
④ あなたは夕食の前に宿題をするの?
⑤ 君はインターネットで動画を見るのかい?

> ホントに誰かに質問している
> つもりで言うのがコツだよ。

CD Track 91
DL Track 102

① 「体育」PE (physical education「体の教育」の略)
② 「〜に住む」live in 〜 「町」town
③ 「夕食の後に」after dinner
　　「皿洗いをする」wash the dishes
④ 「宿題」homework 「夕食の前に」before dinner
⑤ 「動画」video 「インターネットで」on the Internet

Practice 2 英語で言ってみよう！

次の絵を見て「あなたは〜しますか？」と英語で言ってみよう。

Do you play tennis?

① 　② 　③

④ 　⑤

ヒント

CD Track 92
DL Track 103

① 「読む」read　「マンガ本」comic book
② 「ほしい」want　「スマートフォン」smartphone
③ 「寝る」go to bed　「10時に」at 10 (o'clock)
④ 「飲む」drink　「コーヒー」coffee
⑤ 「（あなたの）歯をみがく」brush your teeth

これはCDを聞いて答える問題だ。「あなたは〜しますか？」と質問されるので、解答が流れる前に自分の答えを英語で言ってみよう。ただし、答え方は次の通りとする。

例 CDから流れる音声 **CD Track 93** DL Track 104

Do you play tennis?

あなたはテニスをしますか？

➡ Yes なら

Yes, I do. I play tennis.

はい、します。私はテニスをします。

➡ No なら

No, I don't. I don't play tennis.

いいえ、しません。私はテニスをしません。

質問は①〜⑤までの5問だ。答えがまにあわなければCDを止めてもよい。

①〜⑤ **CD Track 94** DL Track 105

ヒント 質問が聞き取れなかったら見よう。 **CD Track 95** DL Track 106

① like「好きである」 ② cell phone「携帯電話」
③ watch「見る」 ④ video game「テレビゲーム」
⑤ ride「乗る」 bicycle「自転車」

Answers Practice 1-3

Practice 1

CD Track 96
DL Track 107

① Do you like PE?

② Do you live in a big town?

  ❷ a をつけるのを忘れないで。

③ Do you wash the dishes after dinner?

④ Do you do your homework before dinner?

⑤ Do you watch videos on the Internet?

Practice 2

CD Track 97
DL Track 108

① Do you read comic books?

  君はマンガ本を読むかい？

② Do you want a smartphone?

  あなたはスマホがほしいですか？

③ Do you go to bed at 10 o'clock?

  あなたは10時に寝ますか？

  ❷ o'clock は「毎時0分」を指すよ。

④ Do you drink coffee?

  あなたはコーヒーを飲みますか？

⑤ Do you brush your teeth?

  君は歯を磨きますか？

① Do you like dogs? 君は犬が好きかい?

Yes, I do. I like dogs. はい。私は犬が好きです。

No, I don't. I don't like dogs.
いいえ。私は犬が好きではありません。

② Do you have a cell phone?
あなたは携帯電話を持っていますか?

Yes, I do. I have a cell phone.
はい。ぼくは携帯電話を持っています。

No, I don't. I don't have a cell phone.
いいえ。ぼくは携帯電話を持っていません。

③ Do you watch TV? あなたはテレビを見ますか?

Yes, I do. I watch TV. はい。私はテレビを見ます。

No, I don't. I don't watch TV.
いいえ。私はテレビは見ません。

④ Do you play video games? 君はテレビゲームをするのかい?

Yes, I do. I play video games.
はい。私はテレビゲームをします。

No, I don't. I don't play video games.
いいえ。私はテレビゲームをしません。

⑤ Do you ride a bicycle? 君は自転車に乗りますか?

Yes, I do. I ride a bicycle. はい。ぼくは自転車に乗ります。

No, I don't. I don't ride a bicycle.
いいえ。ぼくは自転車は乗りません。

博士 の トリビア

▽の置き場所

「いつ」「どこで」「誰と」などを表す語は、▽として文末にくっつくと言ったが、別の場所にくるときもある。実は文全体を説明する▽はわりと語順が自由なんだ。

毎週日曜日に私は自分の部屋を掃除する。

I clean my room every Sunday.
Every Sunday, I clean my room.

特に次の4つは be 動詞の後や一般動詞の前に置かれることもあるんだ。文の中に入るというわけだね。

always	いつも
usually	たいてい
often	よく、たびたび、しょっちゅう
sometimes	時々

■ be 動詞の後

My dog is always **hungry.**	私の犬はいつも空腹です。
I'm usually **sleepy.**	私はたいてい眠いです。

■ 一般動詞の前

I sometimes **play tennis.**	ぼくは時々テニスをします。
I often **go shopping.**	私はよく買い物に行きます。

では、この 4 つを使って、次の日本語を英語にしてみよう。

① ぼくはたいてい放課後はとてもお腹がへっている。
（「放課後」after school　「空腹な」hungry）

② 私は日曜日はいつも家にいる。
（「いる」be (am/are/is)　「家に」at home）

③ ぼくはたいていは夕食前にお風呂に入る。
（「夕食の前に」before dinner　「お風呂に入る」take a bath）

④ 私は時々ねぼうします。
（「ねぼうする」oversleep）

答えはこうなる。

① I'm usually very hungry after school.

② I'm always at home on Sundays.
　　❷ be 動詞は「いる、ある」の意味もあるよ。

③ I usually take a bath before dinner.

④ I sometimes oversleep.

できたかな？　では、次のページからナゾ解きクイズにちょうせんしてみよう。

ナゾ解きクイズ 3–A

息子の名前

ある日、ハルカがトムの家に遊びに行ったとき、彼の母親が言った。

> **I have four kids.**

kid「子ども」

そして、子供たちの名前が、生まれた順に

Ichiro「イチロウ」
Jiro「ジロウ」
Mitsuko「ミツコ」

だと聞いたとき、ハルカは最後に生まれた子供の名前がわかったという。その名前は？

容疑者のウソ

有名な作家、タナカ氏の家に空き巣が入った。捜査の結果、3人の容疑者が浮かんだ。ヤマダ警部はそれぞれの容疑者に詳細を知らせず、ただ単に、次のように質問した。

「実は、この近くで空き巣が入ってね。犯人を探しているんだが、何か知らないか?」

これに対して、3人は次のように答えた。

A Are you a police officer?

B Sorry. I don't live here.

C I'm sorry. I don't know Mr. Tanaka well.

この話を聞いた博士はたちどころに犯人がわかったという。さて、犯人は誰?

―――――――――――――――――――――――――――――

live「住んでいる」 know「知っている」 well「よく」

ナゾ解きクイズ 3-C

金庫のパスワード

あるパズル好きの大金持ちスミス氏が亡くなった。遺産は
金庫の中に保管されているのだが、最新式の金庫はダイヤル
式のパスワードでロックされていて、スミス氏しかパスワード
を知らないという。

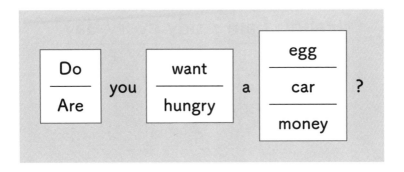

正しい英文がパスワードなのだそうだが、どの組み合わせが
正解だろうか。

ナゾ解きクイズ 3-D

二重スパイの名前

A国に潜入しているスパイから、手紙に見せかけた秘密のメッセージが届けられた。 どうやら、こちらの組織にいる二重スパイの名前が隠されているらしい。 その名前を当てよ。

Hello! I <u>am</u> study <u>every day</u>.
        J   F

I <u>don't</u> very <u>tired</u>.
   U   A

<u>Are</u> you watch <u>TV</u>?
 N   M

Good Bye!
James

解答

ナゾ解きクイズ 3-A
息子の名前

4番目の子供の名前はトム。ハルカが話したのはトムの母親である。

ナゾ解きクイズ 3-B
容疑者のウソ

犯人は C。ヤマダ警部は誰の家に空き巣が入ったのかを言っていないのに、C は「タナカさんはよく知らない」と言っている。

A:「あなたは警察官なのですか?」
B:「ごめんなさい。私はここに住んでいないのです」
C:「ごめんなさい。私はタナカさんをよく知らないのです」

ナゾ解きクイズ 3-C
金庫のパスワード

Do you want a car? が正解。Are you hungry にすると、そのあとの a 以降がつながらなくなる。また egg には an が必要で、money は不可算名詞だから a はつかない。

ナゾ解きクイズ 3-D
二重スパイの名前

スパイの名前は JUN。手紙のそれぞれの文にまちがいがあり、そのか所に示されているアルファベットを並べるとわかる。1文目は J の am が不要。study といっしょには使えない。2文目は、U の don't が am not でないといけない。そして、3文目は、N の Are がおかしい。一般動詞の watch が使われているので Do が必要だ。

まとめ

■ 一般動詞（be 動詞以外）を使った文は次の２通りのパズルに当てはめて作ろう。

○□　　○は□する

I study.　　　　　ぼくは勉強する。

○□○　　○は○を□する

I study English.　　ぼくは英語を勉強する。

■「いつ」「どこで」「誰と」に当たる語句は▽として、文の最後にまとめて置こう。

I study English with Tom every day.

私は毎日トムと英語を勉強する。

■ 否定文は don't を動詞の前に置いて作るよ。

I don't like snakes.　　私はヘビが好きではありません。

■ 疑問文は Do を文頭に置いて作るよ。

Do you like dogs?　　あなたは犬が好きですか？

「さあ、次のナゾもがんばって解くぞ！」

「あら、残念。今回はここまでよ」

「なんだってえ！？」

「続きは、2巻でね。それまでは、この本を何度も読み返して復習しておくんだよ」

「わかったわ。でも、早く次のナゾが解きたいわね」

「ぼくもだよ。次も楽しみだ〜」

2巻でまた会おうね！

著者紹介

石井 辰哉（いしい・たつや）

1969 年生まれ。関西学院大学文学部卒業。TIPS English Qualifications 代表。
半年間で TOEIC500 点強から 900 点まで伸ばした自身の経験と独創的なメソッドを生かし、
驚異的なスピードで受講生の英語力をアップさせている。計 2 年近く、数回にわたるイギリ
ス語学留学の経験から、単なる知識の詰め込みではなく「使える」英語の習得を信条とし
ており、小学生から成人まで、日本各地から入学する熱心な受講生が多い。
取得資格は、TOEIC990 点（満点 20 回以上）、ケンブリッジ英検特級（CPE）、実用英検 1 級。
著書は 30 冊以上あり、『イラストだから覚えられる 会話で必ず使う英単語 1100』（クロスメ
ディア・ランゲージ）、『文法・構文・構造別リスニング完全トレーニング』（アルク）など。

[著者ウェブサイト] http://www.tip-s.jp

◉ ── 収録音声	CD 69 分 35 秒 / DL 72 分
ナレーション	Maya Dale / Noah Stocker / 西田 雅一
	Chris Koprowski / Ria Funakoshi
◉ ── カバー・本文デザイン	足立 友幸（parastyle inc.）
◉ ── DTP・本文図版	飯尾 緑子（parastyle inc.）
◉ ── カバー・本文イラスト	十々夜
◉ ── 本文イラスト	Kip / うてのての
◉ ── 校正	余田 志保（つばめパブリッシング）
◉ ── ネイティブチェック	Brooke Lathram-Abe

CD BOOK 博士からの指令! ナゾ解き小学英語〈1〉

2020 年 4 月 25 日　　初版発行

著者	**石井 辰哉**
発行者	内田 真介
発行・発売	ベレ出版
	〒162-0832　東京都新宿区岩戸町12 レベッカビル
	TEL.03-5225-4790　FAX.03-5225-4795
	ホームページ　http://www.beret.co.jp/
印刷	モリモト印刷株式会社
製本	根本製本株式会社

ISBN 978-4-86064-615-8 C6082　　　　　　　　　　　　編集担当　綿引ゆか